Lemuria Mandalas

Aufbruch in ein neues Zeitalter

Ins Irdische übertragen von Helmut Ranalter

akshah verlag

ISBN 3-9501886-0-6

Inhaltsverzeichnis

Danksagung

Es gibt ganz viele Menschen, die meinen Weg gekreuzt und mein Leben ungemein bereichert haben. Auf meiner Reise begegneten mir die „verschiedensten Lehrer“, die mich, jeder auf seine spezielle Weise, dabei unterstützten wichtige Schritte zu tun. Genau so sehr aber wurde meine Persönlichkeit von unterschiedlichsten Lebenssituationen geprägt. Für all diese Begebenheiten bin ich unendlich dankbar, auch wenn manche Lebensumstände und die damit verbundenen Herausforderungen teilweise nicht einfach für mich waren. Letztendlich ist es aber so, dass mich die Summe all meiner Erfahrungen dahin gebracht hat, wo ich jetzt gerade bin und mich zu dem gemacht hat, der ich jetzt bin.

Trotzdem gibt es einige wichtige Wegbegleiter, die ich an dieser Stelle erwähnen möchte.
Zu allererst möchte ich mich in ganz besonderer Weise bei dem wunderbaren, sanften lemurianischen Wissenden **Koojul** bedanken, der meine Seele wieder da hin geführt hat, woher sie ursprünglich einmal kam.
Er übermittelte mir alle Informationen und Einsichten aus dieser paradiesischen Epoche, die nötig waren, um dieses Buch zu verwirklichen. Ich fühlte mich dabei sehr wohl und daheim.

Mein besonderer Dank und meine tiefe Ehrfurcht gilt meinen geistigen Führern. Ich weiß, dass sie mich immer begleitet haben und mich stets zu den richtigen Menschen brachten und an die passenden Plätze führten – und das ist wunderschön.

Ein ganz herzliches Dankschön, verbunden mit großem Respekt, gebührt meinem lieben „Freund und Bruder“ Wolfgang. Unsere gemeinsame La Gomera-Reise gehört zu den beeindruckendsten Erlebnissen in meinem Leben. Wolfgang hat mir immer wieder entscheidende Impulse für meine spirituelle Entwicklung gegeben und er war maßgeblich an der „Entstehung“ der Mandalas und dieses Buches beteiligt.

Zu guter Letzt möchte ich all jenen Menschen von ganzem Herzen danken, die mich bei der Arbeit zu diesem Buch in ganz unterschiedlicher Weise begleitet und unterstützt haben.

Einleitung

Die Lemurianer lebten in absoluter Harmonie und in totalem Einklang mit sich selbst und mit ihrer Umwelt. Aus unserer heutigen Sichtweise lebten sie in jenem „paradisischen Zustand“, der in der Literatur vielfach beschrieben und von den Menschen aller Kulturen seit jeher angestrebt wird.

Diese liebevolle, lemurianische Energie wird schon seit geraumer Zeit wieder in verstärktem Maße aktiviert, um unseren Planeten zu „erwecken“ und ihn von den männlich dominierten Machtstrukturen, die in der atlantischen Epoche geschaffen wurden, zu befreien. Jetzt werden die Strukturen in der Weise verändert, dass wir vergleichende Verhaltensweisen und das uns selber zu Grunde richtende Konkurrenzdenken endlich aufgeben können. Es wird höchste Zeit, dass wir erfahren, wer wir wirklich sind, und zwar jeder Einzelne von uns, und dass wir unser unermessliches Potenzial endlich voll und ganz erkennen und anerkennen. Die Lemuria-Mandalas unterstützen uns dabei. Wir, egal ob Frau oder Mann, müssen unsere intuitive, weibliche, Seite neu entdecken und leben lernen. Wenn wir den Mut haben, uns wieder mehr von unseren Gefühlen leiten zu lassen anstatt von unserem Kopf, wird nicht nur ein harmonisches Zusammenleben mit allen Menschen, sondern auch mit der Natur und dem gesamten Universum möglich. Veraltete Strukturen und Gesetzmäßigkeiten werden ihre Wirkung verlieren und eine neue, sanfte Energie wird sich auf unserem Planeten ausbreiten. Die Arbeit mit diesen wunderbaren Mandalas unterstützt genau diese Entwicklung und lässt uns eintauchen

in uraltes, verloren geglaubtes Wissen. Viele Menschen werden das lemuruianische Potenzial in sich wieder entdecken und es nach und nach in ihr Leben integrieren. So werden wir unseren ursprünglichen Seelenfrieden wiedererlangen und unbändige Lebensfreude und Harmonie wird sich einstellen und voll und ganz in unser Leben zurückkehren. Dies ist ein riesengroßer Veränderungs- und Entwicklungsprozess.
Die Lemuria-Mandalas sind mir von meiner „lemurianischen Seele" übermittelt worden. Sie sollen diesen Prozess unterstützend begleiten und fördern. Es sind praktische Werkzeuge, um das lemurianische Erbe auf unserem Planeten wieder lebendig werden zu lassen. Die einzelnen Mandalas sind als Tore zu betrachten, die in eine Dimension führen, in der Harmonie und Verbundenheit mit allem, was existiert, selbstverständlich sind.
In diesem Sinne wünsche ich allen, die mit diesen Mandalas arbeiten, viel Freude und ganz viele wunderbare Erfahrungen. Mögen all eure Wünsche und Träume in Erfüllung gehen und möge der göttliche Segen euch allzeit begleiten.

In inniger Verbundenheit und mit tiefem Respekt.

Kapitel 1
Die Geschichte

So hat alles angefangen!

Die Reise nach La Gomera

Mein wunderbarer Freund Wolfgang war so lieb, seine Gedanken und Bemerkungen zu unserer La Gomera-Reise niederzuschreiben. In seinen Ausführungen sind auch hochinteressante Informationen enthalten, die er, initiiert durch die Vorkommnisse auf La Gomera, erst nach unserer gemeinsamen Reise erhalten hat. Er hat eine herrlich amüsante Art Dinge in ganz kurzer und prägnanter Weise auf den Punkt zu bringen. Diese teilweise etwas provozierende, aber stets liebevolle Ausdrucksweise kommt natürlich auch in seinen Texten zum Tragen. Deshalb möchte ich seine Originaltexte in den nächsten Kapiteln wiedergeben. Wolfgangs Text ist dann immer kursiv geschrieben.

Es begann im Dezember 2001. Ich hatte einem guten Freund versprochen, am 23. Dezember zu seinem 40. Geburtstag das Essen zu kochen. Doch bei der endgültigen Terminplanung erschrak ich fürchterlich.
Die Weihnachtsfeiertage waren in diesem Jahr besonders „arbeitnehmerfreundlich" und fielen tatsächlich so, dass total viel Urlaub möglich war. Im Laufe der letzten Jahre hatte ich mich mehr und mehr vom üblichen Weihnachtsrummel zurückgezogen, der meiner Meinung nach allzu sehr vom eigentlichen Fest der Besinnung ablenkt. Aus diesem Grunde, und weil ich die Feiertage auch nicht bei meiner Familie in Südtirol verbringen wollte, feierte ich das Weihnachtsfest und den Jahreswechsel schon seit einigen Jahren ganz für mich alleine und meiner Vorstellung

entsprechend. Es durchfuhr mich wie ein Blitz, als ich bemerkte, in welche Lage ich mich mit meiner eifrigen Zusage selbst gebracht hatte. Ich fühlte mich verantwortlich und gleichzeitig sträubte sich bei dem Gedanken, die zwei Wochen über Weihnachten und Neujahr alleine in Deutschland verbringen zu müssen, alles in mir. Je mehr ich versuchte, diesen Gedanken beiseite zu schieben und zu meinem Wort zu stehen, das ich meinem Freud ja gegeben hatte, desto mehr verspürte ich den Drang zu verreisen, um dem Winter zu entkommen. Chaos herrschte in meinem Kopf, ich war durcheinander; wie konnte ich so leichtfertig zusagen, ohne auf die Konsequenzen zu achten. „Sonne und Meer! Das wär's doch!" dachte ich. „Irgendwohin in den Süden reisen, wo es angenehm ist, nicht so trist und kalt wie hier!" Ja, das genau war es, was ich wollte.
Wie ferngesteuert griff ich zum Telefon um meinen Freund Achim anzurufen und ihm meinen kurzfristigen Entschluss mitzuteilen. Er war entsetzt über meine Absage. „Auf dich kann man sich nicht verlassen!" machte er seinem Ärger Luft. Als er sich nach der ersten Entrüstung wieder beruhigt hatte, überlegten wir gemeinsam, wer von meinen Arbeitskollegen das Essen für seine Geburtstagparty zubereiten könnte. Wir fanden ziemlich schnell eine gute Lösung. Ich war sehr erleichtert und zufrieden mit mir selbst, dass ich mich auf keinen faulen Kompromiss eingelassen hatte, nur um mein Wort nicht zu brechen.

Auf dem Weg von der Arbeit nach Hause dachte ich darüber nach, dass es bestimmt nicht so leicht sein würde, zwei Wochen vor Weihnachten noch Urlaub auf einer Mittelmeerinsel zu buchen. Es war mir egal, wohin die Reise ging, Hauptsache Strand und Meer. Und so machte ich mir

selber Mut: „Wenn es so sein soll, dann wird mein Vorhaben auch gelingen."
Zu Hause angekommen fiel mir Wolfgang, mein Schamanen-Bruder ein. Vielleicht hatte er ja Lust und Zeit mit zu fliegen.
Ich staunte nicht schlecht, als er mir am Telefon erzählte, dass er sich seit zwei Tagen mit dem gleichen Gedanken spielte und mich noch am Abend anrufen hatte wollen, um mich das Selbe zu fragen. Wir waren uns sofort einig, und so beschlossen wir, dass ich mich am nächsten Tag in meinem „Stammreisebüro" nach geeigneten Urlaubszielen erkundigen würde. Mein Herz hüpfte vor Freude bei der Vorstellung, in noch nicht einmal zwei Wochen am Meer zu sein; ich war so happy.
Gleich am nächsten Morgen rief ich im Reisebüro an und deponierte dort meine Vorstellungen und Wünsche. Irgendwie schwebte ich den ganzen Vormittag zwischen Hoffen und Bangen und war teilweise ziemlich verunsichert. Es war total spannend und ich tat mir schwer damit, mich auf meine Arbeit zu konzentrieren.
Kurz nach Mittag rief mich die Dame aus dem Reisebüro an: „Ich habe ein schönes Apartment auf der Insel Fuerteventura für Sie gefunden. Leider ist die Auswahl nicht mehr sehr groß, über die Weihnachtszeit ist überall am Mittelmeer Hochsaison."
Ich freute mich riesig; ich hatte es geahnt: Alles klappt wie am Schnürchen. Weihnachten war gerettet! Gleich nach der Arbeit fuhr ich ins Reisebüro, ich konnte es kaum erwarten; Fuerteventura, das fühlte sich sehr gut an.
Als ich endlich dran war, zeigte mir die Dame, mit der ich telefoniert hatte, die Apartmentanlage. Mein Gott, war das hässlich und so riesengroß; da wollte ich auf keinen Fall hin, so konnte ich nicht wohnen! Mein Traum war zerplatzt

wie eine Seifenblase, mit einem Schlag war ich wieder auf dem Boden der Tatsachen. So hatte ich mir das alles ja wirklich nicht vorgestellt, wie unromantisch. Meine Hoffnungen auf einen gemütlichen Urlaub im Süden schwanden.
„Wir schauen uns gemeinsam an, welche Angebote es sonst noch gibt", hörte ich eine Stimme aus der Ferne. „Ja, das kann bestimmt noch nicht alles gewesen sein", redete ich mir selber Mut zu. „Du wirst doch nicht so schnell aufgeben!" hörte ich eine Stimme in mir. „Nein, das werde ich nicht!" antwortete ich in Gedanken. Wir suchten gemeinsam weiter, aber die Auswahl war in der Tat nicht so groß. Einige Zeit später schaltete sich der Besitzer des Reisebüros mit ein. Er war Spezialist für Reisen auf die Kanarischen Inseln. Wir weiteten nun die Suche auf alle Inseln aus, schließlich war ich auf kein Reiseziel fixiert.
Die Chancen, doch noch ein Apartment zu finden, das mir zusagen könnte, stiegen wieder. Schließlich, es waren bestimmt zwei Stunden vergangen, fanden wir ein Hotel, nur mit Frühstück, auf der Insel La Gomera. „Es liegt nicht unbedingt auf der schönsten Seite der Insel, aber ihr könnt problemlos mit dem Auto überall hinfahren, denn die Insel ist nicht groß, mehr kann ich leider nicht finden." Es war nicht optimal, trotzdem buchte ich ein Zimmer im Hotel „La Torre" und ein Mietauto für zwei Wochen. Erst im Auto stellte sich wieder jene Freude ein, die ich am Vormittag verspürt hatte, und je mehr ich über alles nachdachte, desto mehr freute ich mich. Nun konnte ich es kaum noch erwarten, Wolfgang die freudigen Neuigkeiten zu erzählen. Bald würden wir am Strand sitzen, das Meer rauschen hören, es würde angenehm warm sein ...
Als er mich dann spät am Abend anrief, erzählte ich ihm kurz, dass ich die Flüge gebucht hatte: Hinflug am 22. De-

zember und zurück am 6. Januar, jeweils über Teneriffa. „Großartig, das hört sich gut an!“ war sein knapper Kommentar.

In den nächsten Tagen wurde mir mehr und mehr bewusst, dass Wolfgang und ich auf La Gomera irgendwas zu erledigen hatten. Wenn ich in mich hineinfühlte, spürte ich eine Art freudige Erregung, eine innere Spannung, hatte aber nicht die geringste Idee, was da auf uns zukommen könnte. Es war, als ob wir auf diese wunderbare Vulkaninsel geführt würden, die mich schon seit der Zeit faszinierte, als ein flüchtiger Bekannter eher nebenbei von seinem La Gomera-Urlaub erzählt hatte. „Irgendwann“, so hatte ich mir schon öfters gedacht, „werde ich nach La Gomera reisen.“ Und jetzt war diese Reise in greifbare Nähe gerückt. Jedes Mal, wenn Wolfgang und ich die folgenden Tage miteinander telefonierten, wurde unser Gefühl für diese Insel genährt, es verstärkte sich die Vorahnung, dass uns auf der bevorstehenden Reise eine besondere Aufgabe erwartete. Je mehr sich der Zeitpunkt der Abreise näherte, desto unruhiger und gespannter wurde ich. Es war eine sehr friedliche, freudige Spannung, irgendwie wissend, dass alles in bester Ordnung war.

Wolfgang kam am 21. Dezember von Österreich zu mir nach Heilbronn, da unser Flug von Frankfurt aus losging. Als wir am nächsten Morgen aufwachten, schneite es in Heilbronn. Wir waren bereits voller Vorfreude, als wir im Radio hörten, dass Deutschland im Schnee zu versinken schien. Überall herrschte Chaos auf den Straßen und Autobahnen. Gespannt verfolgten wir jeden Wetterbericht, ganz besonders die Verkehrsnachrichten. Die Weihnachtsreisewelle war angebrochen und der Radiosprecher be-

richtete von schier unglaublichen Staus auf den Autobahnen, 70 km da, 150 km dort usw.; wie sollten wir heute Abend nach Frankfurt kommen? Ein Freund wollte uns zum Flughafen bringen, oder sollten wir unter diesen Umständen doch besser mit der Bahn fahren, wir waren verunsichert. „Wenn es sein soll, so werden wir dort hinkommen“, beschlossen wir und riskierten es, uns mit dem Auto fahren zu lassen. Mein Freund machte die ganze Sache zusätzlich spannend, indem er auch noch zu spät kam. „Ob das gut geht?“ fragte ich mich und rutschte nervös auf dem Sitz hin und her. In Frankfurt angekommen, hatten wir plötzlich noch genügend Zeit, da alle Flüge wegen der vereisten Start- und Landebahnen Verspätung hatten. So verbrachten wir den Abend am Flughafen, bis wir kurz vor Mitternacht endlich die Starterlaubnis erhielten. Ich war schon total müde und kaputt, als wir gegen zwei Uhr morgens in Teneriffa landeten. Hier wehte uns plötzlich laue, angenehme Luft entgegen. Das war bereits ein Vorgeschmack auf die nächsten beiden Wochen hier im Süden Europas, wie schön!
Die Nacht war kurz. Am Morgen ging es mit der Fähre weiter in Richtung La Gomera. Endlich sah ich das Meer, ich hörte die Möwen und das Rauschen des Wassers, wie wunderbar! Die „frische Brise“, die mir während der Überfahrt ins Gesicht wehte und diese Geräuschkulisse lösten ein totales Glücksgefühl in mir aus. Es war ein Gefühl von Weite, Freiheit und Abenteuer; vielleicht war es dasselbe Gefühl, das viele Seefahrer und Abenteurer verspürt haben mussten, bevor sie von La Gomera aus in See stachen. Ich liebe dieses Gefühl, es ist herrlich!
Da waren wir nun, endlich im Süden, es war der 22. Dezember und wir hatten herrliches, angenehm warmes Wetter, genau so, wie wir uns das gewünscht hatten. In

diesem Moment konnten wir uns kaum noch vorstellen, wie eisig kalt und ungemütlich es in den letzten Tagen in Mitteleuropa gewesen war.
La Gomera gefiel mir auf Anhieb, eine wunderbare grüne Insel mit freundlichen Menschen, so schien es mir. „Hier werden wir uns wohl fühlen", das wusste ich sofort. Auch mit dem Hotel hatten wir es sehr gut erwischt, obwohl La Gomera über die Weihnachtsfeiertage ziemlich ausgebucht war. Es hatte eine schöne Lage, mit Blick aufs Meer, das Zimmer war nicht groß, aber komfortabel eingerichtet. Alles war perfekt.

Wolfgangs Sichtweise:
Wie es zu dieser einprägsamen Reise nach La Gomera kam ...

Anfang Dezember 2001 erwachte ich einmal mit der erschreckenden Feststellung: „Oh Gott, bald ist Weihnachten – nix wie weg von hier!" Ein, zwei Tage später telefonierte ich mit Helmut in Heilbronn. Während unseres Gesprächs erwähnte er, dass er vorhabe, über Weihnachten irgendwohin zu fliegen, weil auch er dem ganzen Rummel entgehen wollte. Binnen weniger Augenblicke waren wir uns einig, dass wir gemeinsam verreisen wollten. Das ursprüngliche Urlaubsziel sollte Fuerteventura sein. Während des Buchungsvorganges erwies sich allerdings La Gomera als insgesamt schöner und auch günstiger, sodass wir spontan dieses Reiseziel anpeilten. Was sich ja hernach als absolut korrekt und auch wichtig herausstellen sollte.
Am Tag vor unserem Abflug gastierte ich bei Helmut in Heilbronn und beobachtete mit leichter Sorge einen massiven Wintereinbruch, der zu chaotischen Straßenverhält-

nissen führte und viele Staus auf den Autobahnen nach sich zog. Immerhin sollten wir am nächsten Morgen zum Frankfurter Flughafen über viele Autobahnkilometer transportiert werden.

Ich stand in Helmuts Küche und blickte zum Fenster hinaus. Da entdeckte ich doch tatsächlich eine weiße Feder, die nicht so wie die vereinzelten Schneeflocken zu Boden fiel, sondern in die Höhe stieg. Ich war einigermaßen aufgeregt, hatte ich doch einige Wochen zuvor das Buch: „Gott kommt nie zu spät – zu früh aber auch nicht!" von White Bull – Jan Graham gelesen. Der Autor Jan Graham steht in Verbindung mit einem Indianer aus dem Jenseits, der sich White Bull nennt und auf humorvolle Weise seine Lebensweisheit preisgibt. Unter anderem erwähnt er immer wieder eine weiße Feder, die er jeweils an dem Ort zurücklässt, wo er gerade anwesend war, um ein konkretes Zeichen zu setzten. Somit war mir klar, dass uns eine besondere Reise bevorstand, wo wir nicht „allein" sein würden.

Am Morgen des nächsten Tages war das Schneechaos in Deutschland perfekt. Viele Straßen und Autobahnen waren gesperrt. Just unsere Autobahn Richtung Frankfurt war einer der wenigen Verkehrswege, die noch frei zu befahren waren. So gelangten wir ohne Probleme pünktlich zum Frankfurter Flughafen. Auch unser Flugzeug konnte trotz massiver Schneeprobleme mit einiger Verspätung starten, und so erreichten wir ohne größere Schwierigkeiten unser vorläufiges Ziel in Teneriffa. Nach einer Hotelübernachtung ebenda erreichten wir am Tag darauf mit der Fähre die Insel La Gomera, wo uns eine warme, etwas feuchte Brise in Empfang nahm.

Unsere ersten Tage auf dieser idyllischen Insel verliefen ruhig; wir nahmen uns Zeit zu relaxen und auszuspannen. Mit unserem kleinen Leihwagen, einem Fiat Punto, erkundeten wir die Insel, wanderten ein wenig und genossen die großartige Natur und das wohltuende außergewöhnliche Klima. Die kalten Tage und die Strapazen der letzten Arbeitswochen in Deutschland rückten schnell in weite Ferne.

Ich genoss es sehr, wieder einmal mit meinem lieben Freund Wolfgang unterwegs zu sein. Wir hatten uns viel zu erzählen, und ich erfreute mich an seinen meist so herrlich knappen Antworten. Wolfgang schien sich, wie immer, wenn wir zusammen waren, über meine vielen Fragen zu amüsieren und kostete es sichtlich aus, mich ein ums andere Mal auf die Folter zu spannen, indem er nur das Allernötigste auf meine Fragen antwortete. Jedes Mal, wenn es für mich spannend wurde, unterbrach er die Unterhaltung mit den Worten: „Mehr dazu erzähle ich dir später." Ich entwickle in Wolfgangs Gegenwart stets eine unbändige Neugier, da er über ein immenses Wissen bezüglich spiritueller Zusammenhänge verfügt. Leider sehen wir uns viel zu selten und so bin ich, wenn sich schon einmal die Gelegenheit bietet, immer ganz wild darauf, ihn zu seinen spirituellen Erfahrungen zu befragen und Dinge mit ihm zu besprechen, die mich tief im Inneren beschäftigen.

Wir ließen uns von unserer Spontaneität treiben und verbrachten die Weihnachtstage ganz gemütlich und ohne den üblichen sentimentalen Weihnachtsrummel, wie er in Mitteleuropa üblich war. Stattdessen saßen wir abends in urigen Lokalen, genossen die einheimische Küche und erfreuten uns an der Lebensfreude der Bewohner dieser kleinen, herrlichen Kanaren-Insel. Auch vom erwarteten Weihnachtstourismus war bei weitem nicht so viel zu sehen, wie ich es befürchtet hatte. In dieser Zeit erzählte mir Wolfgang immer wieder von den interessanten Beschreibungen aus einem Buch: „Lemuria – Land des goldenen Lichts", von Dietrich von Oppeln. Ich selbst besaß das besagte Buch auch schon seit geraumer Zeit, hatte bis dato aber noch keinerlei Impuls verspürt, es zu lesen, und auch jetzt zog mich dieses Buch irgendwie nicht an, obwohl es die ganze Zeit in unserem Hotelzimmer lag.

Am 25. Dezember hatte ich ein Schlüsselerlebnis, dem latente Zahnschmerzen vorangegangen waren. Zähne bzw. das entsprechende Zahnfach können zuweilen zum Kanal für kosmische Informationen werden.
Wir unternahmen einen Ausflug nach Playa Santiago wo wir entlang des kleinen Hafens – getrennt voneinander – die Gegend erkundeten. Für kurze Zeit wollte jeder von uns beiden ein wenig allein sein. Entlang des Weges entdeckte ich die schönsten und strahlendsten Blüten verschiedenfarbiger Hibiskussträucher.
Über die Traumdeutung mit den Orakelkarten von LARIMAR war ich auf die Aufforderung gestoßen, mein inneres Licht – die innere Sonne – vermehrt erstrahlen zu lassen. Naturgemäß fragt Mensch: „Und wie geht das?" Hier erhielt ich jetzt die Antwort. Durch intensive Betrachtung der Hibiskusblüten konnte ich deren Strahlkraft dermaßen verinnerlichen, dass die Zahnschmerzen binnen weniger Minuten entlassen waren. Demnach erklärte sich die momentane Situation folgendermaßen: Die bewusste Verbindung mit der Hibiskusblüte bzw. die Verinnerlichung des Christuslichtes lässt die innere Sonne in ihrem vollem Glanz erstrahlen. Die Hibiskusblüte ist das Symbol des Christuslichtes. Diese vollkommene Verinnerlichung ist eine der Grundbedingungen für das Glücksgefühl der

Seele. Die meisten Menschen leben ihre innere Sonne nur zu maximal 50 Prozent!
Kurz vor dem Jahreswechsel kam ich spontan auf die Idee, im dritten Auge einen Bildschirm bzw. Monitor zu installieren. Helmut fand das auch recht lustig und so gingen wir – wie fast immer mit Heiterkeit – daran, im dritten Auge einen Monitor zu visualisieren. Dieser stand auch in Verbindung mit der Zirbeldrüse und sollte uns künftig die Möglichkeit bieten, viele unserer Fragen auf direktem Wege zu beantworten. Die Zirbeldrüse eines Durchschnittsmenschen ist übrigens normalerweise nur zu 10% aktiviert. Die Antworten auf unserem persönlichen Bildschirm erscheinen seither entweder in Form von Symbolen, als Worte oder als Bilder.

Unerwartete Ereignisse auf La Gomera – Einweihungen und Rituale

Wie es zu den Lemuria-Mandalas kam

Am 29. Dezember spürte ich den ganzen Tag über das Bedürfnis in mir, etwas „aufzuzeichnen“, sträubte mich aber dagegen. Ich wusste nicht, was mir da durchgegeben werden sollte; jedenfalls weigerte ich mich den halben Tag lang, mein Schreibzeug in die Hand zu nehmen und zu „arbeiten“. Immer wieder überlegte ich: Es kann doch nicht angehen, dass ich wieder „irgendwelche Symbole“ erhalte, davon gibt es doch bereits genug, lamentierte ich innerlich; wer bitte, soll all die Symbole verwenden?
Irgendwann am Nachmittag, Wolfgang hielt gerade sein übliches Mittagsschläfchen, war der Drang so groß, dass ich mich mit meinem Block und einem Schreiber ins Bett setzte – ich konnte dem Impuls zu schreiben nicht mehr widerstehen. Wie bei den Larimar- oder anderen Symbolen, die ich bereits erhalten hatte, ließ ich einfach alle „Informationen“ die durchkamen, zu Papier fließen, egal wie „seltsam oder ungewöhnlich“ mir das Geschriebene oder Gezeichnete erschien; irgendwie, das wusste ich bereits, würde meine geistige Führung schon Ordnung in meine Aufzeichnungen bringen.

So begann ich zu zeichnen, skizzenhaft, dann schrieb ich; es war ein Gedicht, ein Vierzeiler. Ich wusste immer noch nicht, welche Informationen mir da übermittelt werden sollten, aber das schien es fürs Erste gewesen zu sein. Das „Symbol" hieß **Ledh** – Transformation auf der individuell gewünschten Ebene. Etwas erstaunt und gleichzeitig verwundert blieb ich noch eine Weile auf meinem Bett sitzen, dann legte ich mich hin und nickte ein.

Sofort, als ich wach wurde, nahm ich mein Schreibzeug wieder zur Hand. Auch Wolfgang hatte sein Mittagsschläfchen mittlerweile beendet und beobachtete mich. Irgendwie schien er immer zu spüren, wenn sich bei mir etwas „Neues" tat und so fragte er mich in seiner stets etwas amüsiert provozierenden Art: „Was hast du denn die ganze Zeit so fleißig geschrieben?" Ich war etwas unsicher und zögerte, dann sagte ich: „Schau dir das mal genau an, was hältst du davon?" Aufmerksam und interessiert betrachtete er meine Aufzeichnungen; plötzlich sprang er aus dem Bett, nahm sein Pendel und begann zu „arbeiten". Ich war höchst gespannt und neugierig, Wolfgang schwieg; er war ganz vertieft. Nach kurzer Zeit, drehte er sich langsam um, er hatte ein verschmitztes Lächeln auf den Lippen. „Nun, mein lieber Freund, das ist sehr interessant, was du da erhalten hast", sagte er in einem erhebenden Tonfall. Ich platzte fast vor Neugier. „Das sind anscheinend lemurianische Symbole; mehr Informationen habe ich dazu momentan nicht erhalten, vielleicht möchtest du das selber noch überprüfen." Meine Aufregung stieg; wie kam ausgerechnet ich zu lemurianischen Symbolen, ich hatte noch nicht einmal das Lemuria-Buch gelesen und außerdem hatte ich von Lemuria überhaupt keine Ahnung. Wolfgang bemerkte meine Gedankensprünge. „Vielleicht erfährst du ja schon bald mehr!" versuchte er mich zu beruhigen. Erst nach einiger Zeit legte sich meine Aufregung.

Wir gingen in aller Ruhe einkaufen und besorgten uns, nebst Proviant für den nächsten Tag, auch eine Flasche

Rotwein für den Abend. Nach dem Abendessen in einem dieser ursprünglichen Lokalen, sowie einem kleinen „Verdauungsspaziergang“ kehrten wir in unser gemütliches Zimmer zurück, um eine Runde Backgammon zu spielen. Wolfgang hatte mir dieses herrliche Spiel in den letzten Tagen beigebracht. Backgammon hatte mich schon fasziniert, seit ich vor vielen Jahren gesehen habe, wie es Studenten in einer Heidelberger Kneipe spielten. Von dieser Zeit an wollte ich dieses Spiel unbedingt irgendwann lernen. Obwohl ich Backgammon damals nicht kannte, übte es eine gewisse Faszination auf mich aus. Es hatte etwas Unterhaltsames, Intellektuelles an sich, das war es, was mich sofort faszinierte. Nun endlich konnte ich dieses geniale Spiel mit Wolfgang spielen, und das freute mich ungemein. Während des Spielens – wir tranken unser Gläschen Wein und hatten viel Spaß – ergaben sich immer wieder hochinteressante Gespräche. Manchmal mussten wir sogar unterbrechen, um irgendwelche Informationen aufzuschreiben und zu überprüfen. Ich genoss diese herrlich entspannenden Abende in vollen Zügen; das Leben, so erschien es mir, meinte es zur Zeit so richtig gut mit mir.

Während ich mich mit großer Begeisterung in den letzten Wochen des Jahres 2001 in die Faszination Lemuria vertieft hatte, bekam Helmut dies nur am Rande aufgrund meiner Erzählungen mit. Das Buch „Lemuria – Das Land des Goldenen Lichts“, verfasst von Dietrich von Oppeln-Bronikowski, hatte ich als wichtige Reiselektüre nach La Gomera mitgenommen, und es rundete unser Reisevergnügen bestens ab. Immer wieder zitierte ich aus dem besagten Buch. Helmut lauschte sehr aufmerksam und es ergaben sich spontan aufregende Gespräche zu den im Buch so spannend dargestellten Einzelheiten aus der lemuria-

nischen Vergangenheit. Unsere Herzen öffneten sich ganz weit für diesen längst vergangenen Kontinent und dessen Bewohner. Als dann Helmut in den letzten Dezembertagen des Jahres 2001 „seine" ersten Einweihungen von lemurianischen Seite erhielt, war die Sensation perfekt. Zwar wussten wir bereits vor Antritt unserer Reise , dass „irgendetwas" geschehen würde doch dass dies im Zusammenhang mit Lemuria sein würde – also damit hätten wir nicht gerechnet.

Am nächsten Tag, es war der 30. Dezember, erkundeten wir die Insel mit unserem kleinen Fiat Punto und landeten schließlich in einem malerischen kleinen Fischerdorf, an dessen Namen ich mich nicht mehr erinnere. Da Wolfgang nicht so gut drauf war, er haderte mal wieder mit seinem Schicksal, machten wir nur einen kurzen Spaziergang. Er wollte sich dann recht bald auf die Terrasse eines der einheimischen Lokale entlang der Strandpromenade setzen. Ich blieb noch eine Weile am Strand und hing, wie so oft, wenn ich am Meer bin und das Spiel der Wellen beobachte, meinen Gedanken und Träumen nach. Etwas später setzte ich mich zu meinem Freund, um eine Kleinigkeit zu essen. Entgegen meiner Angewohnheit und gegen jede Vernunft trank ich zu meinem Fischsalat ein Glas Weißwein; er schmeckte vorzüglich. Wolfgang war eher schweigsam, und unsere Gespräche reduzierten sich an diesem Mittag auf ein Minimum. Wir kehrten recht bald in unser Hotel zurück um ein Nickerchen zu machen. Wolfgang hatte heute „Fahrdienst" und ich döste neben ihm am Beifahrersitz, völlig ermattet vom Wein, den ich getrunken hatte. „Wie kann man nur so dumm sein und mittags Alkohol trinken, wenn man ihn nicht verträgt!" schimpfte ich innerlich mit mir; müde, schläfrig und irgendwie leicht beschwipst, hing ich im Sitz. Plötzlich hörte ich Laute. „Jetzt spinne ich!“ dachte ich bei mir. Es waren mir unbekannte Laute, die immer deutlicher und klarer wurden. „Was ist denn jetzt los?“ durchfuhr es mich. Ich fing an, genauer hinzuhören, ich ließ mich auf dieses Spiel ein, trotzdem war ich verwundert. Die Laute wurden deutlicher, wurden irgendwann zu Worten; ich lauschte nun aufmerksam, und gleichzeitig fühlte ich mich in Trance versetzt. Wir fuhren eine kurvenreiche Bergstraße hinauf, ich war zwar sehr müde und schläfrig, aber mittlerweile trotzdem geistig hellwach – ein merkwürdiger Zustand. Ich hörte nun Worte in einer eigenartigen, jedoch sehr wohlklingenden Sprache – ja, es war eine Sprache – und nach und nach klinkte ich mich in diese Sprache ein, bis ich sie schließlich selbst sprechen konnte. Im Stillen sprach ich jetzt also diese eigenartige, fremde Sprache, machte mit dem Mund die Bewegungen mit, während Wolfgang uns ins Hotel fuhr und offensichtlich nichts davon mitbekam. Ich ließ mich voll auf diese neue, klingende Sprache ein und fand mittlerweile sogar Spaß daran. Aber just in diesem Moment waren die Sprache selbst und auch meine Fähigkeit, sie zu sprechen wieder weg; ich wurde herausgerissen aus diesem wundersamen Szenario, war auf einmal wieder hellwach und fühlte mich fit. Auch als wir bereits im Hotel angelangt waren, war ich von diesem Ereignis immer noch total „berauscht“, konnte aber überhaupt nicht mehr nachvollziehen, wie lange dieser Zustand wohl angedauert hatte.

Während Wolfgang sich sofort hinlegte, verspürte ich den unbändigen Drang, etwas aufschreiben zu müssen. Kaum hatte ich Heft und Schreiber in der Hand, erhielt ich einzelne Zeichen. Diese stellten sich als Buchstaben heraus und nach ca. 20 Minuten hatte ich ein Alphabet vom A bis zum T beisammen, welches sich **P a n u p h o n i e** nannte und eine lemurianische Lautschrift darstellen sollte. Mittlerweile war ich aber so müde geworden, dass ich mich etwas ausruhen musste. Sofort nach dem Aufwachen ergriff ich wieder mein Schreibzeug, und innerhalb von weiteren fünf Minuten war das Buchstabensystem fertig. Ich war von großer Freude erfüllt, eine wunderbar erhabene Energie durchströmte mich, ich genoss diesen Zustand. Wolfgang hatte mittlerweile seinen Blick auf mich gerichtet: „Warst schon wieder fleißig, mein Lieber?" hörte ich seine neugierige Frage. Leicht aufgeregt und gespannt gab ich ihm mein Heft. Er hatte ja bei seinen Symbol-Systemen auch schon jeweils ein Alphabet erhalten und sehr viel Erfahrung mit gechannelten Informationen, dementsprechend wichtig war mir seine Meinung bzw. seine Anregungen. Sein Blick war ziemlich erstaunt, als er das Niedergeschriebene betrachtete. Wie immer ließ er sich viel Zeit mit seiner ersten Reaktion, die Spannung in mir stieg merklich an, dann endlich sagte er: „Das ist ja ganz wunderbar, was dir da durchgegeben wurde; die Zeichen sehen sehr fein und harmonisch aus und besitzen eine tolle Schwingung." Ich war verblüfft über seine Aussage. Wir gingen sofort daran, jeder für sich, alle Informationen mittels Pendel zu überprüfen. Das Ergebnis war erstaunlich. Es handelte sich um eine plejadisch-lemurianische Lautschrift mit dem wohlklingenden Namen **P a n u p h o n i e**. Ich war also voll in die lemurianische Energie eingetaucht und konnte gespannt darauf sein, was noch folgen würde.

Mein persönliches Empfinden bei dem ersten Kontakt mit der lemurianischen Energie war zwar euphorisch genug und doch auch etwas zurückhaltend, als ich merkte, dass da auch bestimmte Mandalas vermittelt wurden. Der einzige Grund dafür war einfach darin zu sehen, dass ich zuvor über mehrere Jahre mit hunderten Symbolen von ***Aldebaran, Sirus B*** *und dem* ***Orion*** *konfrontiert worden und somit irgendwie „gesättigt" war. Die Zusammenfassung und das Verbreiten dieser Symbole hatte ganz viel Zeit und Kraft in Anspruch genommen. Doch schon beim ersten Zentral-Mandala von Lemuria –* ***Acbahum*** *– bemerkte ich, dass ich da doch irgendwie involviert war, wenn auch nicht so intensiv wie mein Freund Helmut.*

Was sich in den folgenden Tagen ereignete, war schier unglaublich. Nicht nur, dass immer wieder neue Mandalas und Informationen durchgegeben wurden, nein, Wolfgang und ich durften die Synchronizität unserer Dualseelen in Perfektion erleben, und zwar unabhängig voneinander. Während ich meine Durchsagen fast ausschließlich tagsüber und im Wachzustand erhielt, schien Wolfgang in dieser Hinsicht eher „nachtaktiv" zu sein. Es war jedenfalls verblüffend, wie seine Träume und meine Informationen zusammenpassten.

Am 31. Dezember, Silvester 2001, gingen Wolfgang und ich, wie höchstwahrscheinlich Millionen anderer Europäer, unser mitgeführtes Bargeld – spanische Peseten – in Euro umtauschen. Am Bankschalter herrschte natürlich großer Andrang; die Menschen mussten Schlange stehen, um an die neue europäische Gemeinschaftswährung zu kommen. Ich für meinen Teil hatte ein gutes Gefühl für diese neue Währung, die Scheine gefielen mir auf Anhieb; es freute mich, dieses neue Geld in den Händen zu halten. Wir gingen sofort daran, jeder auf seine Weise, ein kleines Begrüßungs-Ritual mit diesem Geld zu machen und es willkommen zu heißen. Das Ritual war ganz schlicht und einfach.

Plötzlich musste ich an all die vielen Millionen Menschen denken, die jetzt gerade in den Besitz von „Euros“ kamen und ich stellte mir vor, wie sie alle so ein kleines Ritual für „ihr Geld“ veranstalteten; dieser Gedanke und die Situation ließen mich schmunzeln.
Es wurde ein ruhiger Tag, und ich nahm mir Zeit, das bald zu Ende gehende Jahr noch einmal Revue passieren zu lassen. Wie meistens zu Silvester kam eine Art Traurigkeit in mir auf, im Bewusstsein, dass dieses für mich sehr ereignisreiche Jahr bald vorbei sein würde; ich empfand aber auch tiefe Dankbarkeit dafür, dass ich in diesem Jahr so intensiv leben und so viele verschiedene Situationen erleben hatte dürfen. Gleichzeitig hatte ich bereits eine Art Aufbruchstimmung in mir und eine gewisse Vorfreude auf das bald anbrechende Jahr 2002.
Den Silvesterabend verbrachten wir so, wie ich ihn mir schon oft vorgestellt hatte. Da das Essen in dem von uns ausgewählten Restaurant total überteuert war, beschlossen wir spontan, zum Tapas-Häuschen an den Strand zu gehen und dort eine Kleinigkeit zu essen. So saßen wir also am Strand, die Luft war lau und angenehm, der Mond stand hoch am Nachthimmel von La Gomera, und die Brandung rauschte. Wir verspeisten gemütlich einige Tapas, das sind „kleine spanische Happen“, wie Tintenfischsalat, gegrillte Hühnerkeulen oder eine spezielle Art Kartoffelsalat mit Majonäse uvm. und tranken Bier dazu. Zwischendurch hörten wir bereits die ersten Silvesterkracher.
Für mich hatte dieser Abend etwas Einzigartiges, Grandioses. Einfach hier am Strand zu sitzen und total unkompliziert den letzten Tag des Jahres ausklingen zu lassen, und zwar bei sehr angenehmen Temperaturen, das wollte ich schon immer einmal erleben. Somit ging an diesem Abend

unerwarteterweise sogar noch ein Traum von mir in Erfüllung. So herrlich kann eine Silvesternacht sein!
Den Jahreswechsel verbrachten wir dann mit ausgelassenen Inselbewohnern, die unter freiem Himmel feierten und tanzten. Unseren obligatorischen Neujahrs-Sekt mussten wir, mangels Gläsern gemeinsam aus der Flasche trinken. So wechselten wir heiter und beschwingt ins neue Jahr 2002.

So beendeten wir jenes Jahr in geradezu euphorischer Stimmung, angereichert mit ungewöhnlicher, freudvoller, harmonischer Lemuria-Energie und völlig unbelastet von jeglichem überkitschigen, üblichen Weihnachtsfeiertagsrummel. Den Weihnachtsabend hatten wir ja in einem urigen Lokal, umringt von ausgelassenen Einheimischen und ohne Christbaum verbracht; den Silvesterabend genossen wir ähnlich, mit singenden und musizierenden Leuten unter freiem Himmel in der Hauptstadt San Sebastian. Wir waren richtig glücklich und zufrieden.

Am Neujahrstag machten wir bei extrem wechselhafter Witterung einen Ausflug zur Westküste von La Gomera. Wegen der teilweise wolkenbruchartigen Regenfällen geriet die Fahrt zeitweise zu einer abenteuerlichen Rallye auf überschwemmten, mitunter schier unpassierbaren Straßen. Immer wieder boten sich uns jedoch atemberaubende Ausblicke auf den zerklüfteten und touristisch noch weitgehend unerschlossenen Teil dieser Insel. Das äußerst abwechslungsreiche Wetter mit Sturm, heftigen, kurzen Regenschauern und Sonnenschein bot eine beeindruckende Kulisse mit bezaubernden Lichtverhältnissen. „Die Natur", so dachte ich „zeigt sich gleich zu Jahresbeginn von ihrer wildesten und gleichzeitig berauschendsten Seite!" Was für ein grandioses Schauspiel!

Nachdem sich das Wetter gegen Abend dann doch beruhigte, kehrten wir bei herrlich wolkenlosem Abendhimmel und zauberhaften Lichtverhältnissen in unser Hotel zurück. Beim „Fachsimpeln" während der Autofahrt erhielten wir noch einige Informationen zu den Lemuria-Mandalas, die wir natürlich sogleich notierten.

Ganz genau erinnere ich mich an unsere Tour am Neujahrstag 2002, die uns an die Westküste der Insel führte. Immer wieder gerieten wir in wolkenbruchartige Regenschauer, die jedoch immer nur kurz andauerten. Die Gewalt der Wassermassen reichte allerdings aus, um die schmalen und vielfach nicht befestigten Straßenabschnitte in diesem Bereich der Küste zu vermuren oder teilweise sogar abzutragen. Notgedrungen mussten wir unseren Leihwagen, den weißen Fiat Punto, in einen Geländewagen umfunktionieren. Die Westküste von La Gomera ist touristisch nur wenig erschlossen, was andererseits irgendwie gut tut, weil hier die Ursprünglichkeit der Insel noch voll erhalten geblieben ist.
Während unserer waghalsigen Küstenfahrt gelangten wir an einen Punkt, wo wir ein Stück unserer Strecke vorausberechnen konnten. Da erblickten wir vor uns einen kleinen Fluss, den man durch eine Furt durchqueren musste. Wanderer kamen des Wegs und rieten uns ab, weiter zu fahren, weil sie eben eine Stelle gesehen hätten, wo man unmöglich mit einem normalen PKW weiterkommen konnte. Wenige Minuten später fuhren ein Kleinbus und ein PKW an uns vorbei und wir beobachteten, was jetzt in der überfluteten Furt passieren würde. Ich sagte zu Helmut: „Du wirst schon sehen, wie uns jetzt die guten Leute den Weg freimachen werden!" Und tatsächlich geschah es auch so, dass der Kleinbus im Fluss steckenblieb, und sich die Passagiere

freischaufeln mussten. Nach mehreren Versuchen gelang es dem Bus, sich den Weg frei zu „ackern"; gleich darauf passierte auch der dahinter wartende PKW. „Jetzt ist es auch für uns Zeit", spornte ich Helmut zur Weiterfahrt an – und wir passierten fast mühelos die Furt. Das ganze Szenario stellte ein schönes Beispiel für die alte chinesische Weisheit des WU-WEI dar, dass durch Nicht-Tun, also durch Nicht-Eingreifen, alles für einen getan wird.
Die weitere Fahrt war geprägt von einer Fülle von Informationen, sodass wir oftmals stehen bleiben mussten, um all dies zu notieren.

Nach dem Abendessen unternahmen wir einen kurzen Verdauungsspaziergang, der uns an einen Aussichtsturm in der Nähe des Hafens von San Sebastian führte. Von hier aus hatte man einen fantastischen Ausblick übers Meer in Richtung Teneriffa. Die Wellen peitschten mit lautem Getöse gegen die Felsen und die Gischt sprang hoch. Ich hatte mich etwas abseits von Wolfgang auf einen Felsen gesetzt, um den Sternenhimmel zu beobachten, während mir ein kräftiger Wind ins Gesicht blies. Ich wollte diese schöne Abendstimmung unbedingt schweigend und für mich alleine genießen. Wolfgang, in solchen Situationen immer etwas ungeduldig, brach recht bald wieder in Richtung Hotel auf, während ich noch ziemlich lange sitzen blieb und meinen Gedanken freien Lauf ließ. Als ich im Zimmer ankam, war er bereits in sein Lemuria-Buch vertieft. Er öffnete eine Flasche Wein, und wir begannen eine Runde Backgammon zu spielen. Irgendwie schien es so, als hätte ich an diesem Neujahrstag meinen „arbeitsfreien" Tag – ich erhielt kein einziges Mandala.
Das sollte sich in den nächsten Tagen schlagartig ändern. Ich bekam genügend Arbeit von meiner geistigen Führung

übertragen und erhielt meistens gleich mehrere Mandalas täglich, sodass ich sehr damit beschäftigt war, alle durchgegebenen Informationen aufzuzeichnen und zu ordnen.

An etlichen Abenden, nach dem Abendessen und einem allfälligen Abendspaziergang, saßen wir gut gelaunt im Zimmer und spielten dieses berühmte orientalische Brettspiel Backgammon. Dazu tranken wir ein, zwei Gläser Wein und genossen „die Leichtigkeit des Seins". Wir sind beide keine verklärten oder spirituell ehrgeizigen Menschen, obschon uns die Entwicklung unseres Bewusstseins wichtig ist. Doch darf diesbezüglich niemals esoterische Arroganz oder gar Fanatismus aufkommen. Wir meditieren auch nicht stundenlang auf ein Thema hin, um irgendwelche kosmischen Wahrheiten zu erlangen. Und doch just an solchen fröhlichen Abenden – mit etwas Wein und während des Spiels – erhielten wir höchst interessante Informationen von elementarer Bedeutung.

Gleich am Morgen des 2. Januar 2002 erhielt ich, während Wolfgang unter der Dusche stand, ein wunderbares Mandala mit dem klingenden Namen **Acbahum**. Ich spürte sofort, dass es eine besondere Schwingung besaß, konnte meine Eindrücke aber nicht zuordnen.
Wolfgang hatte heute keine gute Laune, er fühle sich matt, träge und ziemlich ausgelaugt, erklärte er mir. Es kam des Öfteren vor, dass er aufgrund seiner extremen spirituellen Erfahrungen solchen Stimmungsschwankungen unterlag. Er hatte, so war mein Eindruck, überhaupt keine Lust irgendetwas zu unternehmen.
Nachdem wir, wie jeden Morgen nach dem Frühstück, ausführlich unsere Träume gedeutet hatten, legte sich Wolf-

gang nochmals kurz aufs Bett und blätterte wieder in seinem Lemuria-Buch.
Ich setzte mich mit meinem Schreibzeug auf mein Bett. Nach einer Weile begann er zu erzählen, dass er gerade das Kapitel über die Mandalas auf Lemuria gelesen hatte. Da ich gerade in Gedanken vertieft war und mein neues Mandala studierte, hörte ich nur mit einem Ohr hin. Als er aber erwähnte, dass es auf Lemuria ein Hauptmandala gab, zu dem der Autor jedoch keinerlei weitere Informationen bekommen hatte, war ich urplötzlich voll präsent. Augenblicklich sprang ich auf und zeigte ihm mein neuestes „Werk“. Er betrachtete es eine Weile, schweigend, dann nahm er sein Pendel, immer noch schweigend. Nach kurzer Zeit drehte er sich mit strahlendem Gesicht um und eröffnete mir, dass das vorliegende Mandala tatsächlich das Hauptmandala Lemurias war. Ich war freudig berührt und glücklich, und auch Wolfgangs schlechter Gemütszustand schien sich weitestgehend aufgelöst zu haben. Ausgestattet mit neuer Energie starteten wir mit leichter Verspätung in den Tag.
Eine der Informationen zum Mandala **Acbahum** war, dass durch Installieren dieses Mandalas alle Kristalle und Heilsteine wieder ihre ursprünglich göttliche Schwingung erhalten würden, die durch Missbrauch in der spätatlantischen Epoche auf fünfzig Prozent reduziert worden war. Alle uns heute bekannten Heilsteine besitzen also lediglich die Hälfte ihrer ursprünglichen Kraft zur Unterstützung unserer Entwicklung. Dies konnte mit diesem Mandala, behoben werden, welch genialer Gedanke – und welche immensen Auswirkungen das haben würde! Vor meinem geistigen Auge sah ich bereits, wie Kristalle, Steine, aber auch Schmuck einen ganz anderen Glanz bekamen und wie dies auf die Menschen wirkte. Ein unfass-

bares Gefühl für mich – und doch so real. Wolfgang hatte nun die spontane Idee, ein Ritual mit diesem kraftvollen Mandala zu machen: „Lass dich überraschen, mein Lieber!“ machte er mich neugierig. Ich vertraute ihm; bei ihm, dem „alten Schamanen“ konnte ich mich hundertprozentig auf seine Intuition verlassen! Ohne irgendwelche Andeutungen zu machen, wohin unser Ausflug ging, fuhr er zielstrebig in die Laguna Grande. Zu meiner großen Überraschung befand sich hier ein perfekter Steinkreis, bestehend aus zwölf Steinen, wo wir unser Ritual machen konnten. „Wie er das wohl wieder geahnt hat?“ fragte ich mich. Ohne viele Worte und in dem Wissen, dass Wolfgang den westlichen und ich den östlichen Pol unserer Dualseele darstellten, bezogen wir Position, um das Ritual, jeder seiner eigenen Intuition folgend, durchzuführen. Ich setzte mich also auf den östlichen Stein, Wolfgang saß mir gegenüber im Westen. Als ich mich gerade für das Ritual öffnen wollte, erschien plötzlich eine Frau und setzte sich wie selbstverständlich in unsere Mitte auf den nördlichen Stein, was mich anfangs deutlich irritierte. Da ich aber bemerkt hatte, dass Wolfgang diese Begegnung in keinster Weise zu stören schien, begann auch ich mit dem Ritual. Nachdem ich mich für die höchste Energie geöffnet und um die richtigen Impulse gebeten hatte, installierte ich das Kristall-Mandala **Acbahum** an diesem Kraftort der Insel La Gomera. Ich sah, wie sich dieses kraftvolle Mandala ausdehnte und schließlich zu einer Kugel formte. Es strahlte seine Energie nach allen Seiten aus wie eine riesige Lichtkuppel und ich sah, wie Kristalle und Heilsteine nach und nach in neuem Glanz zu strahlen begannen, auch Schmuck wurde von **Acbahum** in ein neues Licht gehüllt. Es war beeindruckend, dieses Schauspiel vor meinem geistigen Auge zu betrachten.

Dies war das erste große Ritual, das wir auf La Gomera durchführten, und für mich eine besondere Einweihung. In den nächsten Tagen folgten noch weitere Informationen für wichtige Rituale, und bald erkannten wir, dass das Installieren von besonders kraftvollen Mandalas und das Erlösen des kollektiven atlantischen Karmas die Hauptaufgabe unserer La Gomera-Reise sein würde.
Wolfgang erlebte sein eigenes Ritual, wie er mir hinterher schilderte.

Wie so oft, entschieden wir uns auch am 2. Januar spontan, in welche Richtung wir unseren Tagesausflug unternehmen wollten. Ich dachte an ein Ritual in der Laguna Grande, lediglich ahnend, was wir dort veranstalten könnten, ohne es Helmut zu verraten. Es ist einfach das Beste, sich auf nichts Konkretes, also auf keine starren Programme zu fixieren. Es war lediglich ein starker innerer Impuls da, dem wir leichten Herzens Folge leisteten.
Die Laguna Grande ist ein beliebtes und dementsprechend bevölkertes Ausflugsziel in den Bergen, der Überrest eines ehemaligen Vulkankraters. Rundherum stehen Picknickbänke, auch ein Restaurant gibt es hier, etwas abseits. Die vielen Menschen lassen sich natürlich nicht „wegrationalisieren", doch gelingt es einem, sie geistig davon abzuhalten, das Ritual zu stören. Unsere Aufgabe war es, das Kristall-Mandala **Acbahum** *im bereits vorhandenen Steinkreis zu installieren, wobei die dabei entstehende Information ins morphogenetische Feld der Erde eingespeichert wird.*
Ich platzierte mich auf dem in Westen gelegenen männlichen ICH-BIN-Stein, Helmut bezog Position im gegenüberliegenden Osten, ebenfalls männlich, mit der Information „Annäherung an die göttliche Wahrheit". Wie aus

dem Nichts tauchte im Norden eine Frau auf, die als weiblicher Gegenpol die „Gegenwart" verkörperte.
Das war schon sehr eigenartig, dass diese Frau genau im richtigen Moment die richtige Position bezog. Das eigentliche Ritual vollzogen wir ohne großes Aufsehen auf geistige Weise und überprüften anschließend mit Pendel und Bovis-Tabellen den Erfolg unseres Unternehmens. Die Vitalenergie dieses Ortes war von zuvor 18.000 auf 50 Mio. Bovis-Einheiten angestiegen.
Die Installierung des Mandalas führt ja dazu, dass sich der betreffende Ort – und alles, was damit im Zusammenhang steht – sich wieder in der ursprünglich göttlichen Ordnung befindet. Damit steigt selbstverständlich auch die Vitalenergie an.

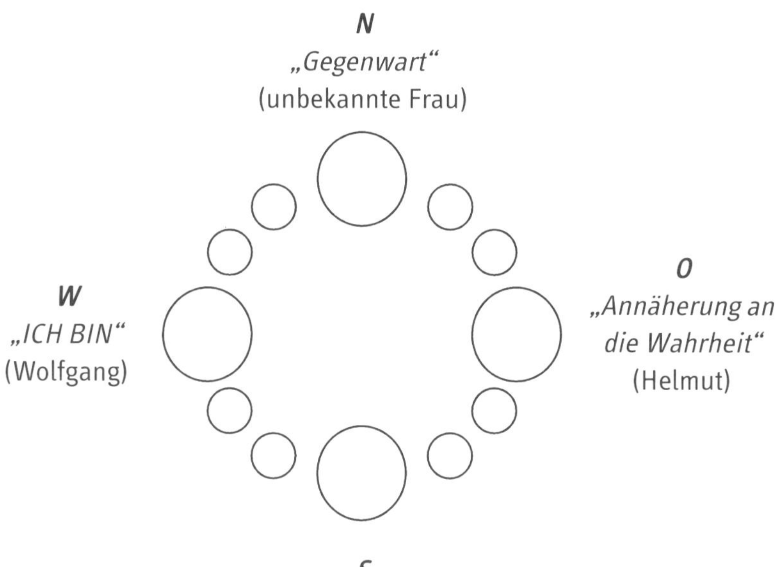

Das Dreieck, dargestellt durch die drei Personen, ergibt letztlich folgendes Kraftfeld:

- *ICH BIN – WIR SIND*
  Ich ermächtige mich selbst und baue mit.
  Ich bin im Einklang mit der allumfassenden Einheit.
- *ANNÄHERUNG AN DIE WAHRHEIT*
  Annäherung an die Wahrheit auf die geringste Distanz.
  Ein Rundblick durch alle Seinsebenen.
- *GEGENWART*
  Erfahre die wahre Qualität eines jeden Augenblicks.

Dieses Programm ist nun für die gesamte Menschheit gültig und dient als weiterer Beitrag zur Erlösung des kollektiven atlantischen Karmas (= die Erbsünde).

In der Nähe der Laguna Grande befindet sich ein für die Inselbewohner wichtiger Platz: eine Quelle, in der das Wasser aus sieben Öffnungen zu Tage tritt. Diese Quelle gilt, dem Glauben der Bewohner La Gomeras nach, als Heilquelle. Die Besonderheit war, dass unverheiratete Frauen schnell einen Mann finden sollten, wenn sie das Wasser dieser Quelle tranken. Tatsächlich kamen regelmäßig Einheimische, um sich Wasser in Flaschen und Kanistern zu holen. Natürlich tranken auch wir von dem Wasser.

An einem kleinen, als Epina bezeichneten Ort, findet mensch eine Quelle, die mit einer Legende behaftetet ist. Aus sieben Öffnungen tritt Wasser aus, das – dem Aberglauben nach – verschiedene Auswirkungen auf jene Menschen haben soll, die davon trinken. Speziell Mädchen, die noch keinen Freier gefunden haben, sollen danach bald einen Mann finden.

Der innere Impuls ermächtigte uns, dem Quellwasser tatsächlich Heilinformationen beizugeben. Dies wurde durch zwei Symbole ermöglicht:

- *LIMA – Heilung auf der Ebene der Gefühle und des Emotionalkörpers.*
- *RAMBA – Erweckung des Bewusstseins und der inneren Wahrheit.*

Dieses Heilwasser und auch die Aura des Lebewesens, das davon trinkt, strahlt nun 40 Meter weit.

Den Abend des 2. Januar verbrachten wir gemütlich und ruhig.
Wir wendeten uns jetzt einer vergnüglichen Partie Backgammon zu und tranken genüsslich unseren Wein. Das Thema Lemuria ließ uns aber nicht ganz los. Immer wieder erhielten wir Informationen, die wir dann auch sofort notierten. In dieser entspannten, harmonischen Atmosphäre ergaben sich oft hochinteressante Gespräche, die nicht selten zu tiefen Erkenntnissen führten. Bisweilen waren die Informationen so brisant, ich möchte fast sagen, provokant bis revolutionär, dass wir in eine Diskussion verfielen und eine Zeit lang total aufs Spielen vergaßen. Es war faszinierend zu beobachten, wie sich unsere Informationen wie bei einem Puzzle zusammenfügten und oftmals schier unglaubliche Erkenntnisse ergaben. Wolfgang ist bis jetzt der einzige Mensch, mit dem ich diese enorme Übereinstimmung auf der spirituellen Ebene erreicht habe. Dies und viele andere Begebenheiten während dieser Reise zeigten deutlich, wie tief unsere geistige Verbindung letztendlich ist.
Am späten Abend, wir waren bereits im Bett, bekam ich noch das Mandala **Enuil** mitsamt einem kurzen Text.

Am nächsten Morgen musste ich feststellen, dass Wolfgang ziemlich durcheinander und schlecht gelaunt aufgewacht war. Ein schrecklicher Traum entpuppte sich als Grund für seine miese Stimmung. Ich erzählte ihm von **Enuil**, das mit der Erlösung von astralen Energien und Wesenheiten zu tun hatte. Tatsächlich konnte Wolfgang seinen Zustand mit Hilfe dieses Mandalas bereinigen. Diese Synchronizität der Ereignisse war wirklich sagenhaft. Während mein Freund den Zustand auf der physischen Ebene erleben musste, erhielt ich eine Unterstützungsmöglichkeit aus der geistigen Welt, und das fast gleichzeitig und völlig unabhängig voneinander – interessant, nicht wahr?

In der Nacht vom 2. zum 3. Jänner träumte ich in drei Sequenzen, dass ich von verwahrlosten, gewalttätigen und recht bösartigen Jugendlichen angegriffen und zusehends meiner Freiheit beraubt wurde. In einzelnen Szenen versuchen sie, mir etwas in den Arm zu injizieren oder ein riesiges Zäpfchen in den After zu stecken. Interessanterweise gelingt es mir, die Injektionsnadel aus dem Arm zu ziehen und auch das schmerzende Suppositorium zu entfernen. In der Schlussszene stehe ich am Rande eines Plateaus und rufe Leute um Hilfe, die sich unterhalb davon aufhalten. In der Zwischenzeit haben meine Peiniger einen engen Zaun um mich gezogen und nähern sich mir bedrohlich. Am Schluss der dritten Traumsequenz drehe ich allerdings den Spieß um – halte dabei einen mächtigen Stab in der Hand – und halte den Rowdies einen Vortrag über die Freiheit bzw. das Freisein. Schlussendlich kommt ein Rettungswagen mit getarnten Polizisten, die meiner Geschichte nicht so recht Glauben schenken wollen.

Meine übliche Traumdeutung über den Orakelkarten von Larimar und Antares bringt kein Ergebnis. Über mein inneres Wissen erfahre ich jedoch etwas schier Unglaubliches! Obwohl schon längere Zeit mit Hilfe der Symbolkräfte von Ingmar und Larimar abgeschirmt, gelang es der Astralwelt, Entitäten der 4. Dimension, mich für kurze Zeit zu attackieren. Verständlicherweise war ich zunächst völlig irritiert und berichtete meinem Freund davon. Er habe am Abend zuvor noch ein Mandala erhalten, erklärte er mir, das in irgendeiner Weise mit Schutz zu tun habe. Wir erkannten sofort, dass dieses Mandala ***Enuil*** *mit diesem grauenvollen Erlebnis in meiner Traumwelt im Zusammenhang stehen musste. Daraufhin integrierte ich die Energie dieses Mandalas und spürte in kürzester Zeit Erleichterung und Befreiung von diesen negativen Astralwesen. Meine Vergangenheit hatte ja gezeigt, dass ich vieles auf der körperlichen Ebene erfahren musste, um es auf diese Weise der Allgemeinheit zugglich zu machen.*

Nach der „Überwindung der Astralwesen“ starteten wir in den Tag.
In den vergangenen Tagen auf Gomera zogen sowohl Wolfgang als auch ich immer wieder die Karte ZEIT aus dem Larimar-Kartenset. Ich weiß nicht mehr, wieso, jedenfalls, nachdem auch bei der heutigen Traumdeutung einer von uns beiden diese Karte gezogen hatte, fasste Wolfgang den Entschluss, ein Ritual zu machen mit dem Ziel, uns beide von der Illusion der Zeit – und jeglicher Beeinflussung durch sie – zu lösen. Ich fand die Idee großartig und war sofort damit einverstanden. Gleichzeitig drängte sich sofort ein Bild in mein Bewusstsein, dass dieses Loslösen von der Zeit in Verbindung mit dem Meer stehen musste. Ich sah also während der gesamten Autofahrt das

Bild, wie unsere irdische Zeit und all die damit einhergehenden „Schwierigkeiten“ im Meer versanken. Immer wieder fragte ich mich, wo wohl ein guter Platz am Strand sein könnte, um dieses Ritual zu vollziehen. Wir fuhren in das Dorf Agulo, laut Reiseführer das malerischste der Insel. Schon von weitem hielt ich Ausschau nach einem geeigneten Plätzchen am Meer. Umso mehr war ich erstaunt, als Wolfgang wie selbstverständlich und äußerst zielstrebig auf die ungewöhnliche, mit sechs Kuppeln gedeckte Kirche Agulos zusteuerte. Er hatte mir nichts von einer Kirchenbesichtigung erzählt. Als ich schließlich mitbekam, dass Wolfgang einen Seitenaltar zum Ritualplatz umfunktionierte, war ich völlig entsetzt. „Ich bin jetzt total irritiert“ rief ich ihm zu. „Ich bin total irritiert“ wiederholte ich. Ich begriff überhaupt nicht, was vor sich ging; ich stand so richtig „neben mir“ und in meinem geistigen Durcheinander stolperte ich samt meiner Fotoausrüstung über eine Kirchenbank.

Als ich mich einigermaßen gefangen hatte, machten wir unser Ritual. Ich sah, wie sich die Zeit, ähnlich einem Wirbelsturm, auflöste und neben dem brennenden Räucherwerk und der Jesus-Statue verschwand. Es war eine faszinierende Stimmung, die durch die aufsteigenden Rauchschwaden noch verstärkt wurde. Während des gesamten Rituals blieb die Kirche menschenleer; wir genossen diese Stille. Anschießend beobachtete ich, immer noch leicht durcheinander, wie Wolfgang alles aufräumte und an seinen ursprünglichen Platz zurückbrachte, als plötzlich ein Bauarbeiter auftauchte und auf uns einredete. Gott sei Dank war Wolfgang geistesgegenwärtig genug, um die Situation zu klären. Wolfgang amüsiert sich übrigens noch heute über meine Reaktion damals in der Kirche von Agulo.

Eines Tages beschlossen wir – wie immer dem deutlichen inneren Impuls folgend – irgendwo auf der Insel ein Ritual zu veranstalten, um uns aus der Illusion der Zeit zu lösen. Die Inspiration dazu kam von einer Orakelkarte aus dem Symbol-System Larimar mit dem Titel ZEIT. Dazu heißt es im Text u. a.: „Es verliert sich der Faden der chronologischen Kontinuität – die Kraft der Zeit löst sich auf."

Nun, bestrebt wie wir waren, in unserer Entwicklung vorwärts zu kommen, ließ uns der Gedanke an die Loslösung von der strikten Zeiteinteilung sofort handeln. Die Idee für diesen Tag gefiel uns außergewöhnlich gut. Wir fuhren also auch wieder ohne strengen Plan los, und landeten irgendwann in dem malerischen Städtchen Agulo an der Nordküste La Gomeras. Im Zentrum parkten wir unseren Leihwagen und machten uns auf einen unbekannten Weg. Obwohl ich kein regelmäßiger Kirchgänger bin, zog es mich doch konstant in die Richtung der Ortskirche. Helmut, so glaube ich, ahnte noch gar nicht so recht, was ich vorhatte.

Wir betraten die menschenleere Kirche, und im gleichen Moment entdeckte ich in einem Seitenaltar eine wunderschöne Jesusstatue, die ihn ausnahmsweise ohne Schmerz und Leid darstellte. Die Jesusfigur war ungefähr 50 cm hoch und strahlte sehr viel Liebe und Herzenswärme aus. Aus unserer historisch innigen Beziehung zu Jesus abgeleitet ergab es sich, dass ich Jesus in unser geplantes Ritual einbeziehen wollte. Wie ferngesteuert begannen wir mit den Vorbereitungen, die ich spontan initiierte. Im ersten Moment begriff Helmut nicht, was ich da vorhatte und rief mit völlig verstörtem Gesichtsausdruck: „Ich bin jetzt total irritiert." In meiner stehts knappen Art erklärte ich ihm, was ich vorhatte. Schnell war ein Blumenunter-

setzer gefunden, den ich zum Kerzenhalter umfunktionierte. Ein weiterer leerer Blumentopf sollte zum Gefäß für unser mitgebrachtes Räucherwerk dienen. So platzierten wir all unsere Ritualgegenstände vor der Jesusstatue und zelebrierten unsere ursprünglichen Absichten. Die Verbindung mit der Christusenergie empfand ich hier besonders intensiv. Und wir blieben die ganze Zeit ungestört. Bis ...
Nachdem wir unser Ritual beendet hatten, trug ich das verbliebene noch glimmernde Räucherwerk vor die Kirche, wo ich es auf einem Fleckchen trockener Erde, das einen Baum umgab, deponierte. Kurz bevor wir, erfüllt mit herrlicher Energie, die Kirche verlassen wollten betrat plötzlich ein Bauarbeiter die Kirche mit dem Rest der Räucherasche in der Hand. Ganz aufgeregt gab er uns zu verstehen, dass wir die Jesusstatue nicht berühren dürften – was wir ja mit großem Bedacht ohnehin bereits hinter uns hatten – und dann wollte er wissen, was wir hier täten und was das für ein Zeug sei, das ich da beim Baum hinterlassen hätte. Der Mann war sehr aufgeregt, wobei wir das, was er auf spanisch so von sich gab, nur erahnen konnten. Zunächst verfinsterte sich seine Miene immer mehr, als wir versuchten, ihm zu erklären dass wir nichts Böses getan hätten. Erst als mir das rettende Wort „ceremonia“ einfiel – ich weiß nicht einmal, ob es das Wort in dieser Form im Spanischen überhaupt gibt – hellte sich seine Miene auf, und er ließ uns unbehelligt von dannen ziehen.
Die Kirche war sicher noch eine geraume Zeit vom Duft und Rauch des Räucherwerks erfüllt ...

Nach diesem überaus ereignisreichen Tag mit all den erfüllenden Erlebnissen verbrachten wir den Abend in unserem gemütlichen Hotelzimmer und genossen zur Entspannung ein Glas Wein. Wir unterhielten uns mal wieder über Gott und die Welt und spielten eine Partie Backgammon. Wie aus heiterem Himmel holte Wolfgang plötzlich sein Pendel. Nach einer Weile teilte er mir seine erstaunliche Information mit. Nun waren wir wieder in unserem Element und es folgte eine Fülle von brisanten Neuigkeiten, wie Wolfgang das trefflich schildert:

An einem dieser spielerischen Abende schoss es mir plötzlich durch den Kopf: „Gott definiert sich als ewig pulsierender Flüssigkristall.“ Diese Mitteilung prägte sich ein wie ein Hammerschlag. Wenn wir also davon ausgehen, dass unsere feinstoffliche Struktur ebenfalls einen Kristall darstellt, macht auch die Behauptung Sinn: „Gott schuf den Menschen nach seinem Ebenbilde.“ Über die Kristallgitterstruktur treten demnach Gott und die Menschen zueinander in Resonanz. Gott erkennt den Menschen nicht an seinem Aussehen, sondern an eben dieser Kristallstruktur und dem damit programmierten Code.
Dieser pulsierende Flüssigkristall – was freilich keine wie immer geartete Reduzierung Gottes darstellen soll – besteht somit aus:

- *einem strukturierten, männlich aktiven, Informationen abgebenden Anteil und*
- *einem flüssigen, weiblichen, Informationen aufnehmenden (speichernden) Medium*

Nachdem Gott ja in dem Sinne nicht „fertig“, sondern ebenfalls in stetiger Wandlung und Veränderung begriffen ist, ist es nur allzu logisch, dass über das Resonanzprinzip ein anhaltender Prozess des Nehmens und Gebens an Informationen stattfindet. Durch die Augen der Menschen informiert sich Gott über das, was zum Beispiel hier auf der Erde abläuft.

Weitere Details zum Begriff der ***Kristallisation*** *folgten:*

- *Kristallisation bedeutet die Manifestation der dichtesten Materie.*
- *Kristall stellt die dichteste Materie dar; so dicht, dass sie anfängt zu scheinen und sich wiederum aufzulösen.*
- *Wie definiert sich Kristallisation? Etwas wird kristallklar/greifbar. Die Verdichtung von Schöpferkraft.*
- *WASSER ist die flüssige Form des Kristalls.*

Die unterscheidenden Merkmale zwischen:

Kristallisation
Die Ver- bzw. Umwandlung frei fließender Schöpferkräfte in jede mögliche Form oder die grenzenlose Umsetzung schöpferischer Ideen unter Mitwirkung der göttlichen Quelle.

Manifestation
Die Erschaffung von Materie, die in der Matrix der Erde bereits angelegt ist – sprich, nach vorhandenen und bekannten Strukturen oder Grundmustern. Oder, anders ausgedrückt, die Verdichtung von Energie im Rahmen vorgegebener Bedingungen.

Bis zur 7. Dimension ist nur Manifestation möglich; ab der 7. Dimension auch die Kristallisation.

Im Zusammenhang mit dem oben beschriebenem Thema gab es noch weitere wichtige Durchsagen:
Im Universum ist kein Platz für Sentimentalitäten. Gott kann mit unserem menschlichen Leid und Schmerz überhaupt nichts anfangen, weil er selbst ja Fülle, Freude und

Wohlstand repräsentiert. Um unsere Wehwehchen kümmern sich die eigens dafür bereitgestellten Engel und wohlgesinnte Geistwesen.

Am 4. Jänner 2002 erhielt Helmut das Mandala **Kajul** *Seine Energie stellt die Aktivitäten der Chakren „optimal" ein, macht sie also durchlässig für den momentan besten Energieaustausch zwischen dem Lebewesen und seiner Umwelt. Mit Hilfe von* **Kajul** *gelingt auch die optimale Einstellung des dritten Auges binnen weniger Tage.*

An diesem Tag fuhren wir, unserer inneren Stimme folgend, los, um mit Unterstützung des Mandalas **Kajul** ein Ritual zur Reinigung und Aktivierung der Erd-Chakras zu zelebrieren. Wolfgang chauffierte uns, mit schamanischem Gespür, zu „unserem", auf einem Hochplateau gelegenen Ritualplatz, mit herrlicher Aussicht über die berühmten Nebelwälder dieser immergrünen Insel. Auf dieser idyllischen Anhöhe installierten wir also, in einem schlichten Ritual und bei strahlendem Sonnenschein, das Mandala **Kajul**, mit dessen Hilfe die Chakren der Erde gereinigt und anschließend wieder auf ihre volle göttliche Schwingungsfrequenz angehoben werden sollten. In gleicher Weise wie die Erd-Chakras, wurden auch unsere eigenen Chakren und das mit ihnen zusammenhängende Drüsensystem neu eingestellt. Nach getaner Arbeit setzten wir unseren Ausflug fort.

Während unseres Tagestrips am 4. Jänner 2002 blickte ich zufällig um 13:13 Uhr auf die Digitaluhr unseres Leihwagens. Sofort spürte ich, dass diese Zahl irgendeine Bedeutung hatte. Wir erfuhren dass diese 13:13 die geheime Zahl Gottes (Jashuas) auf Lemuria war. Diese

bedeutet die Schwingungsfrequenz des göttlichen Ausdrucks im Bereich der lemurianischen Energiefelder. Das daraus sich ergebene Zeichen **Maregal** *entspricht dem uns bekannten liegenden, ∞ die Lemniskate, dem Zeichen für Unendlichkeit.*
Die Schwingungszahl des alten Lemuria war die 8, jene des neuen Lemuria ist die 9. Beide Schwingungsfelder überlagern einander zur Zeit zu 50 Prozent.

Die Zahl 8 symbolisiert in Lemuria: Gerechtigkeit, Ausgleich.
Die Zahl 9: Weisheit, Wissen

Lemuria repräsentiert zu 100 Prozent weibliche Energie, welche getragen wird vom AKSHAH-Kristall, der auch als Christos-Kristall bezeichnet wird. Er ist geprägt mit der Liebe zu Gott und allen Schöpfungsakten und der Einheit mit dem Göttlichen. Seine Schwingungsanzahl war in der Vergangenheit die Zahl 8 , wird in der Zukunft jedoch die Zahl 9 sein.
Atlantis repräsentiert hingegen zu 50 Prozent männliche und zu 50 Prozent weibliche Energien und seine Schwingungs Zahl ist die 1. Damit ist auch der atlantische SIN-oder POESEIDON-Kristall informiert. Die 1 bedeutet in diesem Fall Wissen und Macht („Wissen ist Macht!“). Der Luziferanische SIN-Kristall unterstützt die Tendenz, sich von Gott zu entfernen und nährt das Verstandes-EGO.

Eine der Aufgaben (Teil des „Erlösungswerkes“) von Jesus Christus bestand darin, die negativen, machttolerierten, manipulativen Auswirkungen des Atlantiskristalls SIN zu löschen. Das ist ihm jedoch seinerzeit nur zu 50% gelungen. Der Rest der sogenannten „Erlösung“ (= Der Löschung des spätatlantischen Karmas) ist allerdings

Angelegenheit der Menschheit selbst. Durch kollektives Zulassen der lange Zeit hindurch unterdrückten weiblichen Energien auf diesem Planeten gewinnt auch der lemurianische AKSHAH-Kristall seine ursprüngliche Kraft wieder zurück und sorgt so für den notwendigen Ausgleich der Energien. Die unausgeglichenen Energien sind es ja letztlich, die so viel Chaos, Ungleichgewicht und Krankheit auf diesem Planeten verursachen.

Während wir noch über die 13:13 philosophierten, bekam ich den Auftrag, diese Zahlenkombination in ein Zeichen umzugestalten. Es entstand der „Grundriss" des Mandalas **Maregal**. Wolfgang und ich hatten am Anfang leichte Meinungsverschiedenheiten bezüglich des Namens. Ich selbst haderte jedoch generell mit diesem Mandala; es erschien mir irgendwie unvollkommen. Der Grund für dieses Hadern und die damit einhergehende Unsicherheit bezüglich **Maregal** klärte sich erst einige Monate später, als ich bereits längst wieder in Deutschland meiner Arbeit nachging. Aus heiterem Himmel erhielt ich im April oder Mai 2002 während eines geschäftlichen Telefongesprächs merkwürdige Zeichen. Ich war höchst erstaunt, als ich binnen kürzester Zeit feststellte, dass dies das lemurianische Zahlensystem war. Es ging von 0 bis 33; und die Zahl 33 war genau jenes Symbol, das ich am 4. Januar in unserem Leihwagen sitzend aufgezeichnet hatte. Ich hatte also an diesem Tag auf La Gomera die erste Zahl erhalten und diese nicht als solche erkannt. Jetzt wurde mir natürlich auch klar, wieso mir das anfängliche Mandala **Maregal** so unvollständig und gar nicht harmonisch erschienen war.
In diesen letzten Tagen auf La Gomera hatten Wolfgang und ich auch die ersten Meinungsverschiedenheiten, was spirituelle Belange anging. Obwohl wir beispielsweise die

gleiche Frage auspendelten, erhielten wir plötzlich unterschiedliche Ergebnisse.
Es dauerte einige Zeit, bis wir eines Morgens erfuhren, dass unsere Seelen von nun an unterschiedliche Entwick lungsstufen zu durchlaufen hatten. Im Klartext hieß das, dass unsere Dualseelen von jetzt an unterschiedliche Erfahrungen sammeln wollten – dies ist letztendlich ja auch die Bestimmung einer Dualseele. Es ist das Wesen einer Dualseele, gleichzeitig auf total verschiedenen Wegen bzw. über komplett unterschiedliche Erfahrungen zu ein- und demselben Ziel zu gelangen. Wir standen also an einem Scheideweg. Diese Erkenntnis stimmte mich zuerst ziemlich traurig, war doch mein lieber Freund und Bruder Wolfgang seit unserer ersten Begegnung am Flughafen von Amsterdam meistens der Katalysator für meine spirituelle Entwicklung gewesen. Auf der anderen Seite bedeutete das aber auch, dass wir inzwischen die absolut selbe Entwicklungsstufe erreicht hatten, was mich wiederum sehr erfreute.
Die gravierendste Meinungsverschiedenheit zwischen uns beiden war wohl jene, dass ich immer den Impuls hatte, die Lemuria-Mandalas erst dann zu veröffentlichen, wenn das System an Mandalas komplett sein würde, auch wenn ich zu diesem Zeitpunkt noch überhaupt keine Idee davon hatte, wie viele es schlussendlich sein würden. Wolfgang hingegen vertrat von Anfang an die Meinung, man müsse jedes einzelne Mandala sofort den Menschen zugänglich machen. Diese Differenzen führten letztendlich zu einigen Komplikationen und erschwerten mir die weitere Arbeit an den Mandalas erheblich.

Unsere wunderbare Reise endete am 6. Jänner im tief winterlichen Deutschland; doch unsere Faszination Lemu-

ria setzte sich weiter fort. Wenn auch von nun an getrennt, durften Helmut und ich noch viele weitere Informationen aus Lemuria empfangen.
Ich begann, meine Umwelt für die Lemuria-Literatur von Dietrich von Oppeln-Bronikowski zu begeistern. Mitte Jänner weihte ich meine erste Seminargruppe in die Legende von Lemuria ein und stellte die ersten Mandalas und Symbole vor. Die Resonanz war gewaltig und für viele Menschen wie ein Befreiungsschlag von alten, verstaubten Denk- und Vorstellungsstrukturen.

In der Nacht von 10. Jänner 2002 – es war so gegen 2 Uhr – werde ich „geweckt" und erlebe im Wachzustand eine gewaltige Vision. Gemeinsam mit meiner Dualseele Helmut befinde ich mich an einem Vulkankrater, in dessen flüssiger, graubrauner Lava sich der göttliche lemurianische Christos-Kristall AKSHAH befindet. Er wird nur kurz für uns sichtbar. Ich erfahre, dies sei unsere letzte Einweihung zum Visionär auf unserem langen Weg. Gleichzeitig werden uns spezielle Kristallenergien eingepflanzt:

- *Im Stirn-Chakra (Klarsicht) der göttliche Aspekt INTELLIGENZ (der Vater-Aspekt, steht für „Erschaffen")*
- *Im Herz-Chakra (Fühlen) der Aspekt des WISSENS (Sohn, steht für „Bewahren")*
- *Im Sonnengeflecht (Empfang) der Aspekt der WEISHEIT (Heiliger Geist, steht für „Verwandlung")*

Als ich im Weggehen zurückblicke, sehe ich noch viele Menschen die auf ihre Einweihung zu Weisen, Wissenden und Visionären warten. Ein unglaublich erhebendes Gefühl durchströmt mich …

*Die Lemurianer bezeichneten den Gott der gesamten Schöpfung als **JA-SHU-AH.***
***JA** definiert sich als die formgebende Struktur im Kristall; er gibt die entsprechenden Informationen pulsierend an das Multiversum ab.*
***SHU** definiert sich als das fließend-wässrige Element. Es entwickelt und gebiert die Schöpfung und speichert die von dort ankommenden Informationen. SHU wird als harmonisch-empfänglich charakterisiert.*

*In einer meiner seltenen Meditationen Anfang 5. Februar taucht plötzlich ein wunderschöner Kristall – ein Diamant – vor meinem geistigen Auge auf. Augenblicklich weiß ich, dass es sich hierbei um meinen persönlichen **„Alles-was-ist-Kristall“** handelt. Er sorgt für all meine Bedürfnisse auf allen meinen Seins-Ebenen. Dieser Kristall ist also mit allem, was ich bin, informiert und er „weiß“ auch über all meine Bedürfnisse Bescheid. Somit erübrigen sich künftig jegliche Bitten und Gebete in jedweder Form. Die Verbindung mit „Alles-was-ist-Kristall“ geschieht einfach, indem ich in ihn eintrete. Andere Kristalle, die ich zuvor nach lemurianischem Vorbild programmiert hatte, treten nun in Verbindung mit diesem Kristall. Der hat freilich auch einen Namen; doch sollte dieser stets geheim bleiben, um störende Interferenzen zu verhindern.*

Der persönliche „Alles-was-ist-Kristall“ von Jesus Christus war eine Amethyst-Druse, die er seit seiner ersten Indianerreise bei sich trug. Es handelt sich dabei um den berühmten Gralsbecher, und die Suche nach ihm löste Kreuzzüge und Kriege aus; immerhin war er mit dem Od von Jesus Christus gespeichert, dem man wundersame Kräfte zuschreibt. Letztendlich hat ihn jedoch König Artus

bei seiner Entrückung in das Reich Avalon , welches in der 5. Dimension parallel zu unserer Welt existiert, mitgenommen.
Helmut und ich mussten also zunächst uralten Boden auf La Gomera betreten, um etwas über Lemuria zu erfahren.
Die Kanaren stellen 20 Prozent vom ursprünglichen Atlantis dar. 90 Prozent der ursprünglichen Kanaren sind heute noch über dem Meeresspiegel sichtbar.
10 Prozent der Landmasse von Hawaii war Teil von Lemuria; heute sind davon nur noch 2 Prozent übrig geblieben.

Anfang März 2002 wurde mein persönlicher Kontakt zu Lemuria abgebrochen. Meine Entwicklung wurde von da an in eine völlige andere Richtung vorangetrieben, mit dem Ziel, zunächst den so genannten „Kosmischen Menschen" mitzuentwickeln.
Dieser war auf Lemuria zwar bereits vorhanden; doch gilt es jetzt, dieses in der Zwischenzeit verschollenen gegangene Potenzial wiederzuentdecken und zu erneuern.

Zum Abschluss dieses besonderen Urlaubs erhielt ich noch ein Mandala, als wir im Hotel bereits auf unser Taxi warteten und ein weiteres in Teneriffa kurz vor dem Rückflug. Im tief verschneiten Deutschland angelangt, trennten sich dann unsere Wege tatsächlich. Jeder musste jetzt wohl seine eigene Entwicklung vorantreiben.
Ich hatte keine Ahnung, wie es mit den Mandalas weitergehen würde, wenn mich der Alltag wieder hatte. Irgendwie fehlte mir die inspirierende Atmosphäre dieser wunderbaren Kanareninsel und natürlich der intensive Kontakt mit Wolfgang. Der Arbeitsalltag hatte mich also recht bald wieder und der so bereichernde Kontakt mit der lemurianischen Energie versiegte langsam. Des Öfteren dachte ich

daran, wieder bewusst Verbindung mit **K o o j u l**, dem Wissenden aus Lemuria aufzunehmen, doch zwischen meiner Arbeit und meiner Freizeitbetätigung als Taiji- und Qi Gong Lehrer blieb wenig Zeit. Ich staunte deshalb nicht schlecht, als ich eines Tages während der Arbeit in meiner Firma ein Mandala erhielt. Der Einfachheit halber zeichnete ich es auf die Schreibtischauflage in meinem Büro. Auf diese Art und Weise erhielt ich in den Monaten März bis Mai die restlichen Mandalas und das lemurianische Zahlensystem sowie eine ganze Menge anderer Informationen. Es geschah nicht selten, dass mich einer meiner Arbeitskollegen fragte, was ich denn da für seltsame Zeichen aufmalte. Einige der engeren Kollegen wussten von meiner „spirituellen Neigung", und wenn es mir richtig erschien, erzählte ich ein klein wenig über Lemuria, meistens jedoch flüchtete ich mich in eine Notlüge und sagte, das sei zufälliges Gekritzel. Was mich in dieser Zeit am meisten faszinierte, war die Tatsache, wie entgegenkommend die geistige Führung doch ist; mangels Urlaub und Zeit bekam ich alle nötigen Informationen während der Arbeit. Und was das Niederschreiben der Texte anbelangte, ich habe nämlich keine schöne Handschrift und schreibe außerdem sehr langsam, so teilte mir die geistige Führung mit, ich solle mich einfach an den PC setzen und die Informationen würden fließen. Wenn ich dann manchmal doch Durchsagen bekam, die ich nicht sofort notieren konnte, so speicherte ich diese „geistig" ab und rief sie dann wieder auf, wenn ich am Computer saß.

Während der Arbeit an den Lemuria-Mandalas lernte ich so auch noch erstaunlich viele andere Dinge, die mir im täglichen Leben äußerst nützlich waren, dafür bin ich bis heute unendlich dankbar.

Die Übertragung der Lemuria-Mandalas ins Irdische brachte eine unvorstellbare Weiterentwicklung in meinem eigenen Leben mit sich. Bei vielen Mandalas durchlebte ich tiefe, lebensverändernde Prozesse, die, wenn sie gerade abliefen, nicht immer einfach zu durchleben waren. Es geschah des Öfteren, dass ich aufgrund der spirituellen Entwicklung, die mit einem Mandala zusammenhing, im Alltag ziemlich von der Rolle war. Das war nicht immer leicht für die Menschen in meinem näheren Umfeld. Aber die Situation klärte meistens nach einer gewissen Zeit wieder. So durchlebte ich ein sehr intensives erstes Halbjahr 2002. Von Wolfgang hörte ich, außer dass wir im ersten Monat nach unserer wundersamen Reise zwei-, dreimal telefonierten, kaum noch etwas, er schien teilweise wie vom Erdboden verschluckt zu sein.

Die Bedeutung von Symbolen und Mandalas

Es gibt wohl keine Kultur auf unserem Planeten, egal in welche Epoche wir auch zurückblicken, die nicht in irgendeiner Weise mit Symbolen gearbeitet hätte. Am Anfang waren sie wohl eher unbewusster Teil des täglichen Lebens, später wurden Symbole mehr und mehr bewusst im Alltag eingesetzt, um bestimmte Angelegenheiten zu unterstützen. Interessanterweise stehen Symbole fast immer mit Ritualen in Verbindung. Je weiter sich eine Kultur entwickelte, und je mehr spirituelle bzw. religiöse Praktiken das Leben des betreffenden Volkes beeinflussten, desto bewusster wurde die Arbeit mit Ritualen und Symbolen. Der Mensch ist seit Urzeiten geprägt von der Suche und dem Streben nach einem höheren Bewusstsein – man könnte sagen, von der Suche nach der „verlorengegangenen Einheit".

In diesem Bestreben begann er irgendwann, die Kraft von Symbolen auf natürliche Weise zu entdecken. Schon das Zurechtfinden in der Natur bedurfte gewisser Symbole, um leichter überleben zu können. Diese wurden dann nach und nach in den Alltag integriert. Die Sonne und der Mond dürften wohl die ersten mächtigen Symbole gewesen sein, mit denen sich der Mensch konfrontiert sah; sie waren jedoch so gewaltig und unergründlich oder mystisch, dass sie recht bald zu „Göttern" aufstiegen. Naturbeobachtungen lieferten weitere Symbole, oder es gab bis dato unbekannte Naturerscheinungen, welche als „Zeichen" gedeutet wurden. Es dauerte nicht lange, da gab es schon eine ganze Menge an Symbolen, die der Natur entstammten, und der menschliche Geist ersann in seinem

Bestreben nach Vollkommenheit die „passenden“ Rituale dazu, um die Natur zu besänftigen, zu beschwören oder um Unterstützung bei seinen Unternehmungen zu bitten. Der – wie immer geartete – religiöse Kult mit seinen dazugehörenden Ritualen hatte unmerklich Einzug in den Alltag gefunden, bzw. war „geboren“. Im Laufe der Zeit verfeinerten die verschiedenen Völker ihre rituellen Zeremonien. Gleichzeitig demonstrierten die menschlichen Fantasien jedoch auch ein breites, teilweise wildes Spektrum, was religiöse Rituale anbelangte. Von sanften, höchst spirituellen Anbetungen bis hin zu wilden, brutalen Opferritualen gab es alle erdenklichen Abstufungen. Alle diese Rituale mitsamt den dazugehörenden Symbolen hatten jedoch Eines gemeinsam: Sie sollten die Menschen in ihrem unbändigen Bestreben nach Einheit mit der Natur, dem großen Geist oder sonstigen Mächten, unterstützen.
Zusammenfassend könnte man sagen, Symbole haben seit jeher die Bedeutung, den Menschen auf seinem Weg zurück in die Einheit zu unterstützen.
Selbst das Leben in Lemuria, einem Land, wo die Menschen weitgehend in Einklang mit ihrer Umwelt lebten, war geprägt von der Arbeit mit Symbolen oder Mandalas, welche in Rituale eingeflochten wurden, um die Verbindung mit allem, was existiert, noch intensiver erleben zu können. Lemurianische Rituale waren aber stets sanft, voller Leichtigkeit, Freude und Heiterkeit; dies entsprach auch der lemurianischen Art zu leben, und auf diese Weise kamen die Lemurianer ihrem „Gott“ am nächsten.

In unserer modernen Welt sind uns Rituale bzw. die Arbeit mit Symbolen weitestgehend abhanden gekommen. Während Frauen noch einem natürlichen Zyklus unterliegen, der die Entwicklung begleitet, wie die erste Monatsblutung oder die Geburt eines Kindes, gibt es für Männer kein bedeutsames Ritual, das ihr Erwachsenwerden unterstützt. Dies wirkt sich nachteilig auf unsere Entwicklung aus. Naturvölker pflegen heute noch starke Rituale, um einen jungen Menschen auf seinem Weg zum Mann bzw. zur Frau die größtmögliche Unterstützung zu bieten. Junge Menschen von heute werden meistens alleine ihrem Schicksal überlassen und sind nicht selten total damit überfordert.

In den letzten Jahren sind verschiedenen Menschen, die sich dafür geöffnet haben, Symbole aus verschiedenen Dimensionen übermittelt worden. Diese Symbole sind dazu da, uns auf den unterschiedlichsten Ebenen beim Aufstieg in eine höhere Dimension zu begleiten und zu unterstützen. Auch die Lemuria-Mandalas sind mit dem Hintergrund übermittelt worden, den Menschen auf ihrem Weg aus der Polarität zurück in die Einheit die bestmögliche Unterstützung zu bieten. Alle Mandalas helfen uns dabei, uns von „altem Ballast" zu lösen oder Blockaden loszuwerden; sie ebnen so den Weg zu unserer innersten Bestimmung und damit in die Einheit. Rituale unterstützen und festigen diese Absicht. Ein Ritual könnte man als Absichtserklärung bezeichnen um den nächsten Schritt einzuleiten, die Mandalas sind die Verstärker dieses Wunsches.
Betrachtet man Mandalas oder Symbole unter diesem Aspekt, können wir erkennen, wie wichtig sie – und damit verbunden auch Rituale – für unseren Lebensweg sind; wir sollten ihnen wieder mehr Aufmerksamkeit und Bedeutung schenken und sie immer wieder in unseren Alltag einfließen lassen.

Die Bedeutung der Farben

In der Welt Lemurias gab es ein wesentlich größeres Farbspektrum als wir das heute kennen. Das bedeutet, dass die Menschen in der lemurianischen Epoche fähig waren eine Farbpalette zu sehen, über die wir mit unserer heutigen „beschränkten" Sicht sehr staunen würden. Die Lemurianer lebten in absolutem Einklang mit der Natur und dem Kosmos, kannten keinerlei Konkurrenzgefühl. Jeder holte sich nur das von der Natur, was er zum Leben brauchte; die Lemurianer baten sogar um die Einwilligung der Natur für all ihre Vorhaben. Wenn jemand etwas brauchte, was ein anderer gerade besaß, wurden die Dinge selbstverständlich miteinander geteilt. In der gleichen Weise halfen sich die Lemurianer auch gegenseitig bei der Arbeit. So entstand ein reger Austausch von Waren und Arbeit, der niemanden benachteiligte; alles befand sich im Gleichgewicht. Dies hatte zur Folge, dass niemals ein Mangel an Zeit entstand, was es den Bewohnern von Lemuria ermöglichte, völlig stressfrei und ohne Hektik zu leben.
Dafür pflegten sie eine viel innigere und tiefere Beziehung zur Natur und zur geistigen Welt. Sie waren frei von jeglichen Vorurteilen und offen für alle Naturerscheinungen. Dieser intensive Austausch zwischen Mensch und Natur hatte zur Folge, dass die Lemurianer ihre Umwelt viel intensiver wahrnehmen konnten, als wir das heutzutage tun. Ihre Gefühle und Sinne waren dementsprechend stark ausgeprägt. Sie hörten die leisesten Geräusche, waren fähig, Regen, Gewitter und sogar Nebel zu riechen. Natürlich war auch ihre Wahrnehmungsfähigkeit mit den Augen viel intensiver ausgeprägt, als unsere. Sie sahen ihre Umwelt in wesentlich leuchtenderen Farben, als wir

das heutzutage tun, und sie kannten Farbabstufungen, die für unser Auge nicht erkennbar sind. Dazu kam, dass ihr drittes Auge, das intuitive Auge, vollkommen in dieses „Sehen" integriert war. Man könnte sagen, sie sahen wirklich mit „Leib und Seele"! Was noch eine große Rolle spielte, ist, dass die Natur zur lemurianischen Zeit überhaupt nicht verschmutzt war, sodass schon die Farben an sich viel kräftiger und intensiver leuchteten. All diese Gegebenheiten ließen dieses „ferne Land" in einer funkelnden Pracht erstrahlen, von der wir heute nur noch träumen können. Ich selbst durfte diese Farbenpracht einige Male, in tiefer Versunkenheit, sehen und in sie eintauchen; das Gefühl war jedes mal berauschend!
Aus den vorhin genannten Gründen ist es aber extrem schwierig, jenes Farbspektrum zu beschreiben, das ein Lemurianer sehen und wahrnehmen konnte. Die Farben in der lemurianischen Art und Weise auszudrücken mag für uns eigenartig und fremd oder sogar poetisch oder mystisch klingen. Um dir jedoch eine Idee und ein Gefühl für die lemurianische Sichtweise zu vermitteln, wage ich an dieser Stelle trotzdem einen Versuch, einige dieser Farben, zumindest teilweise, zu beschreiben:
Glitzernde Kristallfarben, schimmernd-funkelnde Spektralfarben, strahlendes Weiß-Gold, tiefgründige Violett-Töne, klarleuchtendes Blau, hellschimmerndes Grau-Blau, tiefglänzendes Silber-Grau, sattfunkelnde Grün-Töne, sonnengüldenes Gelb, loderndes Orange, freudig-feuriges Rot ...
Dies ist nur ein Auszug aus der großen Farbpalette der lemurianischen Epoche. Jede dieser Farben hatte natürlich viele Abstufungen, und sie alle leuchteten kräftig und intensiv.
Auch wenn diese Farbkombinationen eigenartig klingen, so ist es auch uns bei „geschärftem Bewusstsein" möglich,

sie zu sehen oder wahrzunehmen. Für die Lemurianer hatte jede dieser Farben eine bestimmte Zuordnung, die oftmals auch mit einer starken Heilkraft zusammenhing. Sie integrierten die Schwingung von Farben auf vielfältigste Art und Weise in ihren Alltag und nutzten ihre Wirkung zu verschiedensten Heilzwecken. Dieses Wissen wurde von „Auserwählten" sogar bis in unsere Zeit herübergerettet!

Dieses wunderbare Farbspektrum ist in den Lemuria-Mandalas zur Gänze enthalten, auch wenn es in diesem Fall mit unseren „beschränkten modernen Technologien" nur unzureichend dargestellt werden kann. Die Energie und Kraft der ursprünglich lemurianischen Farben kann über die Arbeit mit den Mandalas in ihrer vollen Intensität erlebt oder wahrgenommen werden.

Einige wichtige Farben und ihre geistigen Entsprechungen:

Kristallfarben: Gott und Göttin, Geist, Erneuerung
Spektralfarben: geistige Reife, Wissen, Erfahrung
Weiß-golden: Spiritualität, Erleuchtung, Ausstrahlung, Intelligenz, Fülle, innere Ruhe
Violett: Göttlichkeit, göttliche Kraft, Weisheit
Blau: Tiefe, Würde, Achtung und Anerkennung
Grau-blau: Unendliche Weite, Freiheit des Geistes
Silber-grau: Entwicklung, Alter und Weisheit, Ehre, Respekt
Grün: Wachstum, Antriebskraft
Gelb: Vertrauen, Erdung, Ausgeglichenheit, Verbundenheit
Orange: transformierende Kraft, Bewegung, Sexualität
Rot: Freude, Auflösung, Transformation

Die Sprache: Ausdruck und Symbolik

Die Sprache ist einerseits unser wichtigstes Kommunikationsmittel, auf der anderen Seite bietet sie leider auch das größte Potenzial für Missverständnisse. Diese beiden Tatsachen machen sie zu einer „ziemlich heiklen, oftmals äußerst komplizierten Angelegenheit". Der Umgang mit unserer Sprache ist jedoch essenziell für unser tägliches Leben und für unser Miteinander. Leider wird in unserer Erziehung dem Umgang mit unserem wichtigsten Kommunikationsmittel sowie den Auswirkungen von gepflegtem Sprachgebrauch viel zu wenig Bedeutung beigemessen. Wir haben es verlernt, unser Selbstbewusstsein bzw. unser eigenes ICH über eine klare Sprache zum Ausdruck zu bringen, weil unser Selbstbewusstsein durch Manipulation und aufgrund von Schuldgefühlen über Jahrtausende unterdrückt wurde. Diesen Faktoren und mangelnder Aufmerksamkeit für die Sprache ist es zuzuschreiben, dass unser Umgang miteinander sehr oberflächlich geworden ist und auf vielen Missverständnissen basiert. So passiert es heutzutage nicht selten, dass ein Gespräch mehr offene Fragen hinterlässt, als es Klärung in der angestrebten Situation bringt.

Das war auf Lemuria ganz anders. Dort war die Sprache der offene Ausdruck von Zuneigung und Liebe zwischen den Menschen, sie war aber auch ein wichtiges Kommunikationsmedium zum Tier- und Pflanzenreich. Die Lemurianer kommunizierten in sehr liebevoller Weise mit ihrer gesamten Umwelt. Sie legten sehr viel Wert darauf und nahmen sich viel Zeit dafür, ausführlich miteinander zu reden, und sie sprachen offenen Herzens miteinander. Die

Gespräche selbst verliefen meistens in einer heiteren Art und Weise; sie waren Ausdruck der unbeschwerten Lebensweise in diesem paradiesischen Land. Die lemurianische Sprache kannte keinerlei vergleichende Ausdrucksformen; es wurde immer ausschließlich mit dem, bzw. den Anwesenden auf der rein persönlichen Ebene kommuniziert. Diese Art zu Sprechen hatte eine starke Ausdruckskraft und symbolisierte tiefes Mitgefühl und Zuneigung, egal welches Thema gerade besprochen wurde. Diese berührende, liebevolle Art der Kommunikation ist in keinster Weise mit unserer modernen Art zu sprechen vergleichbar.

Unsere modernen Sprachen, und dementsprechend auch unsere Schriften, sind gespickt mit „Fremdeinflüssen" und besetzt mit manipulativen Silben und Wörtern, die wir nicht mehr als solche erkennen. Diese kontinuierlichen „Verzerrungen" minderten natürlich im Laufe der Zeit die Schwingung der Sprachen erheblich. Das Energieniveau der modernen Sprachen und auch der Schriften ist dementsprechend um ein Vielfaches geringer, verglichen mit klassischen Sprachen und Schriften alter Völker. Die Methode, Sprache und Schrift zu manipulieren und dadurch die Menschheit direkt zu beeinflussen, stammt aus der spätatlantischen Epoche und wurde hauptsächlich dafür eingesetzt, Macht zu erlangen, und über andere auszuüben. Die „Drahtzieher" in Atlantis wussten um die Tatsache, dass sie über Sprache und Schrift direkten Einfluss auf die Gedanken der Menschen nehmen konnten und machten sich diesen Umstand zu Nutze. Verschiedene Beispiele, auch in unserer jüngeren Vergangenheit zeigen, welches Machtpotenzial in einer Sprache steckt, und welche Wirkung Menschen durch den geschickten Einsatz der Sprache zu erzielen im Stande sind.

Ganz generell kann gesagt werden, dass die Sprache und die Schrift den Charakter eines Volkes und dessen Kultur widerspiegeln. Bei genauer Betrachtung geben sie Aufschluss darüber, wie es um den „Entwicklungsstand" des betreffenden Volkes bzw. der betreffenden Kultur steht. In unserer modernen Welt, die geprägt ist von Schnelllebigkeit, Leistungsdruck und technologischem Fortschritt, werden sowohl Sprache wie auch Schrift häufig zu Vergleichsmöglichkeiten degradiert, um Leistungen zu messen, zu erfassen und auszudrücken. Diese Degradierung beeinträchtigt ihre Energie erheblich und nimmt ihnen schlichtweg ihre wahre „Schönheit" und ihre Ausdruckskraft. Diese schleichenden Veränderungen in Schrift und Sprache machen die Kommunikation untereinander zusehends schwieriger; sie sind mit die Hauptursache, dass speziell in unserer Sprache ein so riesengroßes Potenzial für Missverständnisse steckt. Das war von den Atlantern durchaus so beabsichtigt und geplant.

Die Sprache des Herzens

Wir benutzen die Sprache leider meistens nur noch zur Weitergabe von Informationen, und nicht, um unsere tiefen Gefühle, unser Staunen oder unseren Respekt auszudrücken; so bleiben wir in unserem Ausdruck weitgehend anonym – wir bringen unser Selbst nicht zum Ausdruck. Gott sei Dank, gibt es immer mehr feinfühlige Menschen, die in der Lage sind, die energetischen Unterschiede der Sprache bzw. Schrift zu erkennen. Diese Menschen sind meistens auch fähig, die feinen Schwingungen einer Sprache zu erfassen und in sich aufzunehmen, wie es einst die Lemurianer taten. Menschen, die im Stande sind, in einer reinen und bildhaften Sprache zu reden, haben eine faszinierende Ausdruckskraft; sie schaffen es meistens, ihre Zuhörer fast automatisch in ihren Bann zu ziehen. Eine sanfte, harmonische Art zu sprechen lässt fast zwangsläufig auch den „Sprecher" in einem anderen Licht erscheinen.

Vielleicht erinnerst du dich an eine Situation, einer Person mit einer sehr gepflegten Art zu Sprechen zugehört zu haben. Wie hat sich das für dich angehört oder „angefühlt"? Ich bin jedesmal zutiefst fasziniert, wenn ich Menschen sprechen höre, die ihre Botschaften in einer bewussten, liebevollen Art und Weise übermitteln. Meistens ist ihre Ausdrucksweise sehr einfach und klar. Es ist jene Art von Sprache, die das Herz sofort berührt; Worte, die bis tief in die Seele vordringen. Oftmals habe ich diese starke Ausdruckskraft, diese klaren Botschaften, bei ganz einfachen Menschen erlebt, die reich waren an Lebenserfahrung, deren Herz offen war, und die nichts zu verbergen hatten – die sich so zeigen konnten, wie sie wirklich waren. Ich bin davon überzeugt, dass solche Menschen sehr entwickelt sind. Sie wissen, wer sie sind, und sie brauchen sich nicht zu verstecken. Heute weiß ich, dass ihre liebevolle, harmonische Ausdrucksweise maßgeblich zu ihrer außergewöhnlichen Gesamterscheinung beigetragen hat. Es ist für unsere Entwicklung außerordentlich wichtig, der Sprache und der Schrift wieder jenen Stellenwert zu geben, den sie einst, zu Zeiten Lemurias, hatten.

Wir sollten, so wie einst die Bewohner Lemurias, wieder gewahr werden, dass wir mit allem verbunden sind, was existiert. Wenn wir dann unser Herz öffnen und uns von den Gedanken des Misstrauens und des Mangels trennen, können wir unser wahres Selbst auch über unsere Sprache wieder voll und ganz zum Ausdruck bringen. Wenn wir in solch einer liebevollen und berührenden Art und Weise unsere innere Wahrheit und somit uns Selbst ausdrücken, sind wir auf natürliche Weise fähig, die Herzen unserer Zuhörer zu berühren und zu öffnen. Wir sollten uns der Kraft und der Macht unserer Sprache bewusst werden und einen sprachlichen Umgang kultivieren, mit dem wir die Türen zu den Herzen der Menschen öffnen und die Herzen berühren, anstatt diesen Zugang zur Seele durch plumpe, oberflächliche Sprüche für immer zu verschließen.

Wenn wir uns wieder für die Sprache des Herzens öffnen und es schaffen, mit unserer Ausdrucksweise die Seele der Menschen und unserer Umwelt zu berühren, werden wir auch wieder fähig zu spüren, dass wir mit allem verbunden sind, was existiert, so wie es einst auf Lemuria üblich war.

Erst wenn wir Menschen wieder in aller Klarheit und mit reiner Gesinnung miteinander kommunizieren, wird Verständigung ohne Missverständnisse möglich.

Die Arbeit mit den Lemuria-Mandalas unterstützt uns bei diesem wichtigen Vorhaben, insbesondere aber auch die Lautschrift **Panuphonie**.

Kapitel 2
Die Lemuria-Mandalas

Panuphonie

Das plejadisch-lemurianische „Laute-Alphabet“

Panuphonie ist das plejadisch-lemurianische „Laute-Alphabet“ und stammt aus der 7. Dimension. Diese sanfte und gleichzeitig außergewöhnlich kraftvolle Energie-Schrift ist nötig, um den Lemuria-Mandalas ihre besondere Schwingung zu verleihen.
Das plejadisch-lemurianische Laute-Alphabet ist das Grundgerüst einer kosmischen Urschrift, welche im Universum weit verbreitet ist. Es stellt eine Verbindung der alten klassischen Schriften Arabisch, Chinesisch und Sanskrit dar. Diese waren in ihrer Art und Ausdruckskraft „energetisch rein“ und völlig unverfälscht, sodass sie eine wesentlich höhere Schwingung aufwiesen als unsere heutigen, modernen Schriften. Die energetische Wirkung der **Panuphonie** ist in etwa so stark wie die Energien der drei klassischen Schriften zusammen. Sie besitzt eine überaus sanfte, reine Schwingung und wirkt in ihrem Klang und Ausdruck eher wie feine, klassische Musik. Diese plejadisch-lemurianische Lautschrift ist durchdrungen von einer Energie voller Freude und Leichtigkeit.
Ganz generell drückten Sprache und Schrift Lemurias jene natürliche Fröhlichkeit und Lebendigkeit aus, mit der dieses Land und seine Menschen gesegnet waren. Die Kommunikation war ein besonderer Ausdruck des friedlichen Miteinander und jener tiefen Harmonie, welche die Bewohner Lemurias seit Urzeiten miteinander verband. Diese positive Grundschwingung überstrahlte alles, was sich zwischen den einzelnen Lebewesen, egal ob Mensch, Tier,

Pflanze, Naturgeister- oder wesen, abspielte. Wie zu Zeiten Lemurias können Menschen, die den Weg der Veränderung in Richtung Ganzwerdung – Einheit gehen wollen, über die Mandalas mit dieser wunderbaren Schrift in Resonanz treten. Dadurch wird die Verwirklichung ihrer Wünsche bzw. ihre persönliche Entwicklung ungemein beschleunigt. Die einzigartige Kombination, bestehend aus dem kraftvollen lemurianischen Laute-Alphabet sowie den lemurianischen Zahlen mit ihrer wunderbaren Schwingung, ist mit ausschlaggebend für die außergewöhnliche Energie und Kraft der Lemuria-Mandalas.

Panuphonie, das Laute-Alphabet

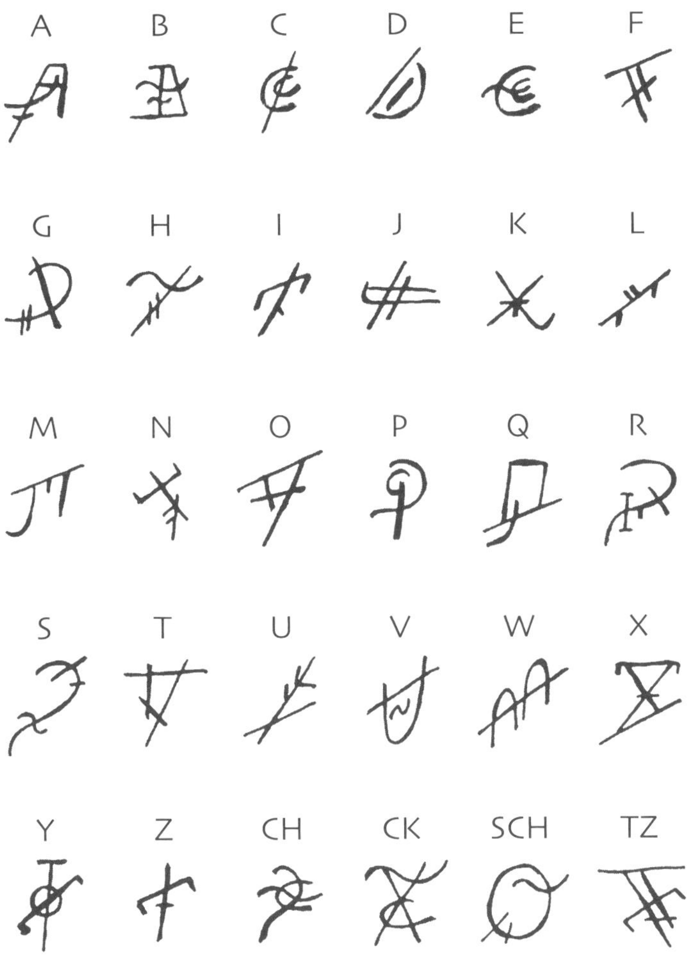

Die lemurianischen Zahlen

In Lemuria gab es die Zahl 0 (Null), sowie 33 weitere Zahlen

Der Zahl 0 (Null) wurde besondere Bedeutung beigemessen, da sie die Darstellung des absoluten Seins-Zustandes war. Die 0 (Null) versinnbildlichte die völlige Einheit, das absolute Sein; jenen Zustand, der sich jenseits aller Bewegungen verbirgt. So stellte die 0 (Null) sowohl den Ausgangs- wie auch den Endpunkt einer jeden Bewegung dar.
Auch jede andere Zahl hatte eine bestimmte Bedeutung. Durch die 33 Zahlen konnte „alles" ausgedrückt werden, z. B.: Bewegungen, Richtungen, Energien ...
Da es in Lemuria keinerlei Konkurrenzdenken gab, hatten ihre Zahlen eine völlig andere Aufgabe als unsere heutigen. In unserer Kultur werden Zahlen hauptsächlich zum Vergleichen oder zum Messen verwendet z. B. größer als – kleiner als; erstens, zweitens, drittens ... Diese Art zu denken war den Lemurianern völlig unbekannt. Sie ließen sich ganz von ihrer Intuition und ihren Gefühlen lenken, deshalb war es nicht nötig, zu vergleichen, zu messen oder zu schätzen.
Jedem Lemuria-Mandala ist eine Zahl zugeordnet. Diese drückt die Wirkrichtung der Energie, sozusagen die Bewegung jedes einzelnen Mandalas, aus. Dadurch erhält jedes Mandala seine ganz individuelle Schwingung. Betrachtet mensch ein Mandala intensiv genug, wird seine Schwingung „offen-sichtlich". Diese drückt aus, in welcher Art und Weise die Energie des einzelnen Mandalas wirkt. Diese Bewegung löscht alte, behindernde Programmierungen im Menschen; sie „sprengt" jene Einschränkungen bzw. Blockaden, die der menschlichen Entwicklung im Wege stehen.

Die lemurianischen Zahlen

Eine kurze Geschichte über die Lemuria-Mandalas

Die Brücke in die Gegenwart

Auf Lemuria waren Mandalas die alltäglichen Begleiter der Menschen. Sie wurden überall und bei allen möglichen Anlässen eingesetzt, um die Entwicklung der Lemurianer zu fördern und sie auf ihrem Weg in Richtung Ganzheit zu unterstützen. Je mehr sich die Bewohner Lemurias auf die Energie von Mandalas einließen, desto ausgefeilter und wirkungsvoller wurde ihre Technik, mit ihnen zu arbeiten.
Die Mandalas basierten anfänglich auf der Beobachtung von Vorgängen im Universum. Weise Lemurianer bemerkten, dass alle Bewegungen im Kosmos kreisförmig abliefen und die Abläufe keinen Anfang und natürlich auch kein Ende hatten. Als „Naturmenschen" versuchten sie, diese Art der endlosen Bewegung nachzustellen und entdeckten dadurch eine starke energetische Wirkung. Inspiriert und fasziniert durch die bei der Darstellung dieser „kreisförmigen Naturerscheinungen" freigesetzten Energien begannen sie, diese eingehend zu studieren und in ihr tägliches Leben zu übertragen. Im Laufe der Zeit entwickelte sich ein regelrechter Forschungszweig, der sich ausschließlich mit Mandalas, ihren Energien und ihrer Wirkweise auseinandersetzte. Die bedeutendsten Forscher und größten Meister der Mandalas lebten in den berühmten Kristallstädten Lemurias; sie waren meistens auch berühmte Heiler. Diese Wissenden waren eingeweiht in die Kunst, mit Hilfe von Mandalas Heil-Energien zu er-

zeugen, mit denen jede Art von Krankheit geheilt werden konnte. Da Mandalas ein wichtiger Bestandteil vieler Anlässe und Rituale des täglichen Lebens auf Lemuria waren, genossen diese Mandala-Experten oder Mandala-Wissenden aus den Kristallstädten große Anerkennung und großen Respekt bei den Lemurianern.
Mit dem Untergang Lemurias verschwand natürlich auch das immense Wissen um die Bedeutung und die Wirkung von Mandalas. Trotzdem sind in vielen unterschiedlichen Kulturkreisen immer wieder Mandalas in verschiedensten Formen dargestellt worden. Diese kreisförmig-endlose Energie schien die Menschen der unterschiedlichen Epochen immer wieder aufs Neue zu faszinieren. Mir ist aufgefallen, dass seit einigen Jahren verstärkt die Arbeit mit Mandalas zu Therapiezwecken eingesetzt wird.

Ich selbst habe mich vor meiner La Gomera-Reise, zwar mit Symbolen und Symbolarbeit beschäftigt, nie aber mit der Bedeutung und der Wirkung von Mandalas. Um so erstaunlicher sind die Informationen, die ich seit dieser eindrucksvollen Reise erhalten habe.
Die ersten Lemuria-Mandalas wurden mir als eine Art Einweihung übermittelt. Gleichzeitig sollten Wolfgang und ich damit Erdheilungsrituale vollziehen, um kollektives Karma aus der atlantischen Epoche zu erlösen. Die freigesetzten Energien wurden ins morphogenetische Feld eingespeist und sollten der gesamten Menschheit zu Gute kommen. Dies war die erste „Station“ dieser wunderbaren Mandalas, so schien es mir. Im Laufe der Zeit bemerkte ich jedoch eine gewisse Logik in der Reihenfolge, wie mir die Mandalas übermittelt wurden. Ich stellte fest, dass mit jedem Mandala, das ich erhielt, bestimmte Entwicklungsschritte verbunden waren; ich durchlebte sozusagen einen

Entwicklungszyklus, der mich in Richtung Ganzheit führte, obwohl mir das großteils gar nicht bewusst war.
In der Zeit, als ich an diesem Buch schrieb, kamen immer wieder neue Erkenntnisse hinzu, und es taten sich neue Anwendungsmöglichkeiten für die Mandalas auf. In den letzten Wochen hat sich mehr und mehr herauskristallisiert, dass die vorliegenden Mandalas mächtige Werkzeuge sind, um unseren Planeten sowie die Menschheit beim Aufstieg zu unterstützen. Sie helfen uns auf unserem Weg aus der Polarität zurück in die Einheit.
Leider ist es mir bis jetzt untersagt, die neuesten hochinteressanten Informationen und Erkenntnisse über die Wirkung dieser Mandalas zu veröffentlichen.

Wie wirken die Mandalas?

Die Lemuria-Mandalas sind als Tore in sehr hohe „Seins-Ebenen" zu betrachten. Fühlt sich mensch von einem Mandala „angezogen" und arbeitet mit diesem, so tritt er wie durch ein Portal in die mit dem jeweiligen Mandala verbundene Dimension. Dieses Eintreten kann unterschiedlich erlebt werden, z. B. als rasante Fahrt durch einen Tunnel, als kräftiger Sog durch einen Wirbel hindurch, oder schlichtweg als sanfter Eintritt in eine höhere Ebene. Die „Seins-Ebene" selber habe ich meistens als einen sehr „ruhigen, neutralen Ort" erlebt, vergleichbar mit einem herrlichen Sternenhimmel am Abend und verbunden mit dem Gefühl von unendlicher Weite und Freiheit. In Meditationen mit den Mandalas konnte ich des Öfteren die „unendliche Leichtigkeit des Seins" erfahren. Dieser Zustand von tiefer Harmonie macht es sehr leicht möglich, behindernde Situationen und Programme ohne Emotionen und völlig neutral zu betrachten, um sie dann zu verändern oder aufzulösen.

Alle Lemuria-Mandalas besitzen eine mehr-dimensionale Wirkung, das heißt, sie „arbeiten" auf mehreren Ebenen gleichzeitig, wenn auch in sehr subtiler, oftmals kaum wahrnehmbarer Weise. Darüber hinaus wirken sie aber auch noch entgrenzend in Bezug auf Raum und Zeit. Durch die einzigartige Kombination aus dem eigentlichen Mandala, der Lautschrift P a n u p h o n i e und der lemurianischen Zahl entsteht eine inter-dimensionale Energie, die sowohl räumlich-zeitliche, wie auch alle anderen Begrenzungen aufhebt, um den Betrachter in eine hohe Dimension zu führen. Wenn mensch also ein Mandala betrachtet, sich sozusagen in dieses „hineinfallen" lässt, wird

er ohne Mühe in die Lage versetzt, die Dimension jenseits von Raum und Zeit zu „betreten“ und auch klar als solche wahrzunehmen. Er taucht in tiefe Seins-Ebenen ein, wo er sein wahres Wesen leicht „als Gesamtwerk“ erkennen kann. Einfach ausgedrückt, der Betrachter kann seinem wahren Selbst ganz mühelos begegnen. Von dieser Ebene aus kann er Programmierungen aus einer neutralen Perspektive betrachten und diese auf sanfte und trotzdem effektive Weise verändern bzw. auflösen. Gleichzeitig kann durch die Unterstützung des Mandalas, in diesem Zustand tiefer Entspannung, verschüttetes oder verloren geglaubtes Potenzial wieder freigelegt und an die „Oberfläche“ zurückgeholt werden.
Mit Hilfe der Mandalas ist es möglich „seinen Lebensweg“ sehr weit zurück zu verfolgen. Oftmals tauchen Situationen aus längst vergangenen Zeiten auf, die erlöst werden möchten. Solche „Reisen in die Vergangenheit“ sollten jedoch niemals aus reiner Neugier unternommen werden. Das Aufarbeiten der Vergangenheit ist nur dann sinnvoll, wenn es der persönlichen Weiterentwicklung in diesem irdischen Leben dient.

Wie alle freien Energien, so entfalten auch die Lemuria-Mandalas stets die optimale Wirkung zum höchsten Wohle des Menschen; diese subtile Energiearbeit ist allerdings oftmals auf den ersten Blick nicht ersichtlich. Leider wird meistens eine derartige Unterstützung jedoch erst dann zu Rate gezogen, wenn scheinbar nichts anderes mehr funktioniert. Wenn mensch in eine „Notlage“ geraten ist und es so scheint, als ob jede Hilfe zu spät käme, ergreift er jeden Strohhalm um seine Lage zu verbessern. In solch einer Situation ist das Vertrauen schier grenzenlos. Die Bereitschaft, sich bedingungslos anzuvertrauen ist natürlich

eine ideale Voraussetzung für die Wirkkraft von freien Energien und anderen ganzheitlichen Methoden. Diese Hingabe ist oft ausschlaggebend dafür, dass meistens dann, wenn eine Situation derart verfahren ist, dass alle Bemühungen zu scheitern drohen, mit Hilfe von „Energie-Arbeit" ein plötzlicher Wandel eintreten kann, der wie ein Wunder erscheint. Leider bedarf es oft eines langen, beschwerlichen Leidensweges, bis sich mensch der geistigen Führung voll und ganz anvertraut und Unterstützung zulassen kann. Es muss aber nicht immer so weit kommen freie Energien und Mandalas können sehr hilfreiche „Begleiter" im Alltag und für viele alltägliche Situationen sein. Wer regelmäßig mit freien Energien oder den Lemuria-Mandalas arbeitet, erhält Unterstützung und viele Antworten für verschiedenste Lebensfragen.
Die Lemuria-Mandalas laden geradezu ein, seiner Kreativität freien Lauf zu lassen und mit ihnen zu experimentieren; ich bin sicher, dass diese Mandalas noch viel mehr Anwendungsmöglichkeiten offenbaren, als in diesem Buch beschrieben sind, die den individuellen Entwicklungsprozess auf jeder Ebene unterstützen und fördern.

Die Anwendung der Mandalas

Die außerordentliche Schwingung der Lemuria-Mandalas ist das Resultat ihrer einzigartigen Kombination aus dem Mandala selbst, der Laut-Schrift sowie den lemurianischen Zahlen. Die Mandalas arbeiten mit hoher Intelligenz. Wenn sie aktiviert werden, entfaltet jedes einzelne Mandala eine sehr feine Eigendynamik, die genau jene oftmals uralten und längst vergessenen Programme aufspürt, welche unsere Entwicklung am grundlegendsten behindern. Aufgrund ihrer hohen Schwingungsfrequenz besitzen die Mandalas die Eigenschaft, ihre Energie genau auf eine Person, den Ort bzw. Raum oder eine Situation anzupassen. Diese wird derart dosiert, dass immer das absolut optimale Resultat erreicht werden kann, entsprechend den übergeordneten göttlichen Gesetzmäßigkeiten. Trotz der hohen Energie, die von den Mandalas ausgeht, ist ihre Wirkweise äußerst sanft und es ist gewährleistet, dass keinerlei „unerwünschte Nebenwirkungen“ entstehen.

Die Mandalas können, übergeordnet betrachtet, als Meditations-Mandalas angesehen werden. Sie aktivierten sich durch intensives meditatives Betrachten oder dadurch, dass sie rein geistig visualisiert werden. Jedes Mandala entfaltet auf diese Weise seine volle Wirkkraft. Fühlt sich mensch sich von einem Mandala angezogen und betrachtet dieses, so „taucht“ er voll und ganz in dessen Schwingung ein. Das Mandala öffnet sich wie eine Blüte oder ein Tor und „entführt“ den Betrachter in die Welt der Energie und des Lichtes. Hier ist der Raum des Friedens, der Leichtigkeit und der absoluten Neutralität. In diesem Zustand

von Gleichmut und Einheit können alle „angesammelten Seelen-Muster" leicht „bearbeitet" und verändert werden. Blockaden werden „gesprengt" und aufgelöst, Programmierungen können verändert, schicksalhafte Verstrickungen ein für alle Mal erlöst werden. Alle Veränderungen gehen in der Regel völlig mühelos vonstatten. Durch die Unterstützung der Mandalas kann sich mensch von Ballast trennen, den er schon sehr lange mit sich schleppt und der seine Entwicklung in Richtung Einheit behindert. So helfen die Mandalas den Menschen dabei, ihrem Leben eine wirkliche, dauerhafte Wende zu geben, ihre ureigene Bestimmung zu finden und diese schließlich in ihr Leben zu integrieren. Dies ist ein effektiver Weg in ein neues Zeitalter. Der Mensch verlässt Schritt für Schritt die Polarität und bewegt sich kontinuierlich in Richtung Einheit.
Die selbe Wirkung wie auf Menschen entfalten die Mandalas auch für Räume, Orte und Plätze, wenn sie dort geistig visualisiert bzw. geistig installiert werden.

Der große Meditations-Zyklus

Der große Meditations-Zyklus mit den Lemuria-Mandalas eignet sich für eine besonders tiefe Arbeit an sich selbst. Im Rahmen dieser „Arbeit" entfalten die Mandalas eine ganz besonders intensive Wirkung, sowohl als Einzel-Mandala für jeden Tag wie auch als Gesamtheit aller Mandalas in diesem Meditations-Zyklus. Mensch wird so durch einen ganz persönlichen, tiefen Prozess geführt, in dem vielfältige Entwicklung auf verschiedensten Ebenen geschehen kann. Wenn du dich also für diese intensive Arbeit mit dir selber entschieden hast, wähle jeden Tag eine andere Mandala-Karte für die Meditation, mit dieser meditierst du dann in folgender Weise: Stell oder leg die Karte, die du gezogen hast, so vor dich hin, dass du sie gut sehen kannst. Bring dich selber in einen Zustand der Ruhe. Jetzt betrachte die Karte so lange mit einem weichen, offenen Blick, bis sich das Mandala für dich öffnet oder auf eine andere Weise für dich erschließt. Lass dich ganz hineinfallen in die wunderbare Energie. Wenn du das Gefühl hast, die Augen schließen zu wollen, so gib diesem Gefühl nach. Vertrau bei den Meditationen ganz deinem Gefühl und deiner Wahrnehmung, beobachte jedoch genau, was geschieht und was in dir vorgeht, ohne die Dinge zu bewerten. Lass alle Gefühle, alle Emotionen zu, die gerade präsent sind, sie wollen jetzt „angeschaut" werden. Nur so können sie verändert bzw. transformiert werden. Bei dieser Arbeit ist es sehr wichtig, die Emotionen frei zu lassen, die wir in uns „gefangen" halten, und dabei neutraler Beobachter zu sein.

Wenn die Meditation abgeschlossen ist, so kehre ganz bewusst wieder in die Gegenwart zurück, nimm dir einige Augenblicke Zeit zum Nachspüren und Reflektieren.

Wiederhole dieses Ritual täglich, bis du mit allen Mandalas meditiert hast.

Du kannst, wenn du möchtest, auch die Reihenfolge der Karten für den gesamten Meditations-Zyklus im Voraus festlegen und dementsprechend meditieren.

Der große Meditations-Zyklus sollte idealerweise an 34 aufeinander folgenden Tagen durchgeführt werden, ohne Pause dazwischen.

Generell ist die Zeit der Morgen- bzw. Abenddämmerung für Rituale mit den Lemuria-Mandalas besonders wirkungsvoll. Aber hier sollten Gefühl und Intuition eines jeden Einzelnen über den „geeignetsten Zeitpunkt" für die Arbeit mit den Mandalas entscheiden.

Dieser Meditations-Zyklus kann natürlich auch beliebig verkleinert werden. Um die Wirkung dieses Zyklus optimal zu nutzen, ist es wichtig, bereits am Anfang die Zahl der Mandalas festzulegen, mit denen du meditieren möchtest und diese dann auch einzuhalten. Wenn sich mensch für einen gewissen Zyklus entscheidet, stellt sich der Körper sofort und intuitiv auf diese Arbeit ein, wird dieser dann unterbrochen oder gar abgebrochen, erfährt mensch nur einen geringen Teil der Entwicklungsmöglichkeiten und bringt sich so um die optimalen Früchte seiner Arbeit; das wäre sehr schade. Wird der Meditations-Zyklus dennoch abgebrochen, so zieht dies natürlich keinerlei schädigende Wirkung nach sich; mensch bringt sich lediglich um den „vollen Genuss" seiner Arbeit. Es ist also sinnvoll, einen kleineren Zyklus zu wählen und eventuell einen weiteren zu starten, als einen zu großen, der sich schwer einhalten lässt.

Den Namen des Mandalas als Mantra rezitieren

Die Namen der Mandalas eignen sich sehr gut, um als Mantra rezitiert zu werden.
Hierfür wähle vor der Meditation ein Mandala aus, dann geh in die Stille. Wenn du zur Ruhe gekommen bist, fang an, den Namen des Mandalas, idealerweise laut, auszusprechen. Wiederhole diesen Namen immer wieder und lass zu, dass eine Art Gebet oder Gesang entsteht. Sollte sich jetzt deine Stimme oder Stimmlage verändern, so gib diesem Impuls nach. Lass dich ganz ein, auf dieses „Tönen", gib dich ganz hin. Durch das Rezitieren des Namens des Mandalas erhöht sich deine Schwingung und du trittst ein in die Seins-Ebene des gewählten Mandalas,

genau wie bei der Meditation oder beim Visualisieren. Das Mandala entfaltet nun seine Wirkung zu deinem höchsten Wohle und du kannst auf diese Weise seine volle Energie erfahren. Wenn Emotionen auftauchen, so verfahre in der gleichen Weise wie bei der Meditation mit einem Mandala. Auch beim Rezitieren der Mantras kannst du mit den Mandalas den oben beschriebenen Meditations-Zyklus vollziehen.

Einfaches „Karten-Legen“

So können beispielsweise 3 Mandala-Karten gezogen werden:

- Die erste Karte stellt die Ausgangssituation, das Thema bzw. das Problem dar.
- Die zweite Karte gibt an, wie jenes Thema oder Problem aktiv bearbeitet, oder wie mensch in diesem Thema unterstützt werden kann.
- Die dritte Karte zeigt dann die Endposition, das Ereignis bzw. das Resultat der „geleisteten Arbeit“.

Idealerweise sollte mensch mit den gezogenen Mandala-Karten an drei aufeinander folgenden Tagen arbeiten; erste Karte – erster Abend, zweite Karte – zweiter Abend, dritte Karte – dritter Abend.

Mensch stellt die Karte vor sich hin und lässt sich durch Betrachten, durch Visualisieren oder in einer Meditation, voll in die Energie des jeweiligen Mandalas „hineinführen bzw. hineinfallen“. Auf diese Weise kann ihn das Mandala sehr intensiv und persönlich auf das Thema einstimmen und ihn bei der Bearbeitung unterstützen.

Soll ein Problem aufgelöst oder losgelassen werden, eignen sich hierfür besonders die letzten drei Tage vor Neumond; soll neue Energie aufgenommen oder ein neuer Lebensabschnitt eingeleitet werden, sind die letzten drei Tage vor Vollmond besonders geeignet.

Die Mandalas in Bewegung umsetzen

Die Lemurianer waren ein fröhliches Volk. Durch ihre tiefe Verbindung zum Universum und zu ihrer Umwelt, die geprägt war von einer kindlichen Offenheit, lebten sie ihr Leben mit großer Leichtigkeit. Sie feierten zu vielen Anlässen ausgelassene, heitere Feste. Dabei wurde viel gesungen und getanzt. Meistens wurde zu einer solchen Feier auch ein Mandala entsprechend dem Anlass gelegt. Dieses wurde dann als Höhepunkt der Feierlichkeit „betanzt" und „besungen".
Die Lemuria-Mandalas können, ähnlich wie zu lemurianischen Zeiten, wunderbar in Bewegung umgesetzt werden. Hierzu wähle intuitiv ein Mandala aus. Lass passende Musik, entsprechend deiner momentanen Stimmung, laufen, dann schwing dich ganz auf dieses Mandala ein. Nun lass zu, dass sich dein Körper zum Rhythmus der Musik und zu dem Mandala bewegt. Lass dich ganz auf diesen Tanz ein und drück alles aus, was im Moment in dir präsent ist. Du kannst dieses Ritual auch mit Tönen unterstützen. Was auch auftaucht, drücke es durch Bewegungen und über deine Stimme aus. Falls diese Übung in einer Gruppe gemacht wird, kann es hilfreich sein, dass jeder Teilnehmer eine Augenbinde trägt; so kann er besser bei sich selbst bleiben.
Achte während dieser Übung darauf, dass sie nicht abrupt unterbrochen werden muss (z. B.: durch das Klingeln des

Telefons ...) und nimm dir am Ende genügend Zeit, um wieder vollständig im „Hier und Jetzt“ anzukommen.

Mandala-Essenz

Mit den Lemuria-Mandalas lässt sich auf einfache Weise eine Mandala-Essenz herstellen, die mithilft, Schlacken aus dem Körper auszuschwemmen, Blockaden oder alte Muster aufzulösen, und die dich in deiner Entwicklung unterstützt. Dafür ziehe eine Karte, dann stell ein Glas oder einen Krug mit gutem Leitungs- oder Quellwasser darauf. Nun bitte die Energie des Mandalas in dieses Wasser, es möge zu deinem höchsten Wohle wirken. Segne jetzt das Wasser und bedanke dich.
Das Wasser sollte **neun Minuten** auf der Karte stehen bleiben; so erhält es die Schwingung der Erneuerung, entsprechend der neuen Schwingungszahl **„neun“** des „neuen Lemuria“. Du kannst vor dem Ziehen der Karte natürlich auch eine Frage stellen oder die Karte zu einem bestimmten Thema ziehen.
In der Zeit, während du diese Mandala-Essenz trinkst, ist es besonders wichtig, viel (gutes Leitungs-) Wasser zu trinken, um den Reinigungs- bzw. Erneuerungsprozess zu unterstützen. Du solltest dich langsam an die Essenz gewöhnen und am Anfang nicht zu viel davon trinken. Wenn sich dein Körper an die hohe Schwingung angepasst hat, kannst du beliebig viel von dieser Mandala-Essenz zu dir nehmen.
Das Trinken dieser Essenz unterstützt ganz allgemein jede Art von „Arbeit mit den Mandalas“. Eine ausgezeichnete Möglichkeit der Anwendung dieser Essenz ist es, in der selben Weise vorzugehen, wie beim oben beschriebenen

großen Meditation-Zyklus, in dem jeden Tag eine andere Karte für die Essenz gezogen wird.

Entstören oder Entgrenzen von Wohnräumen

Die Lemuria-Mandalas eignen sich in besonderer Weise zum Entstören oder Entgrenzen von Wohnräumen. Sie unterstützen mensch dabei, sich einen Kraftplatz in der Wohnung zu installieren oder einen Meditationsplatz einzurichten, der besonders energiereich ist. Hierfür sollte das gewählte Mandala im entsprechenden Raum oder am entsprechenden Platz als Karte aufgestellt und geweiht werden. Wenn du genügend Vertrauen hast, kann das Mandala genau so gut auch rein geistig im Raum installiert werden.
In der Natur können mittels der Lemuria-Mandalas Kraftplätze installiert oder reaktiviert werden. Auch Bäume und Pflanzen können in ihrem Wachstum energetisch unterstützt werden.
Wichtig ist, dass mensch in einem schlichten Ritual um die göttliche Unterstützung für sein Unterfangen bittet, das Mandala segnet und sich für die universelle Energie bedankt.

Ein solches Ritual könnte folgendermaßen lauten:
„Im Namen der Göttin und Gottes, bitte ich um die unterstützende Kraft dieses Mandalas ... Möge es gemäß den göttlichen Gesetzten seine volle Wirkung entfalten. Ich segne diese wunderbare Energie und bedanke mich von ganzem Herzen.“ Dieses Ritual kann natürlich in beliebiger Form abgeändert werden.
Schöne Möglichkeiten, die Arbeit mit den Mandalas zu unterstützen, sind das Anzünden von Räucherwerk oder

das Begleiten mit einer Trommel. Es bleibt jedoch der Intuition eines jeden Einzelnen überlassen, wie mensch „sein Ritual“ individuell gestaltet.

Die hier beschriebenen Anwendungen sind lediglich als Beispiele zu betrachten. Es gibt bestimmt noch unzählige andere Möglichkeiten, die Lemuria-Mandalas anzuwenden. So kann mensch ganz individuell mit diesen wunderbaren Werkzeugen an sich „arbeiten“. Das Gefühl sowie die Intuition entscheiden, in welcher Art und Weise ein Mandala eingesetzt wird und welches bzw. welche Mandalas zur Unterstützung der persönlichen Entwicklung gerade benötigt werden. Der Kreativität sind hierbei keinerlei Grenzen gesetzt. Möge jeder, der sich mit diesen kraftvollen Mandalas beschäftigt, die für sich „effektivste Anwendungsmöglichkeit“ entdecken und den bestmöglichen Nutzen ziehen.

Pendeltabellen

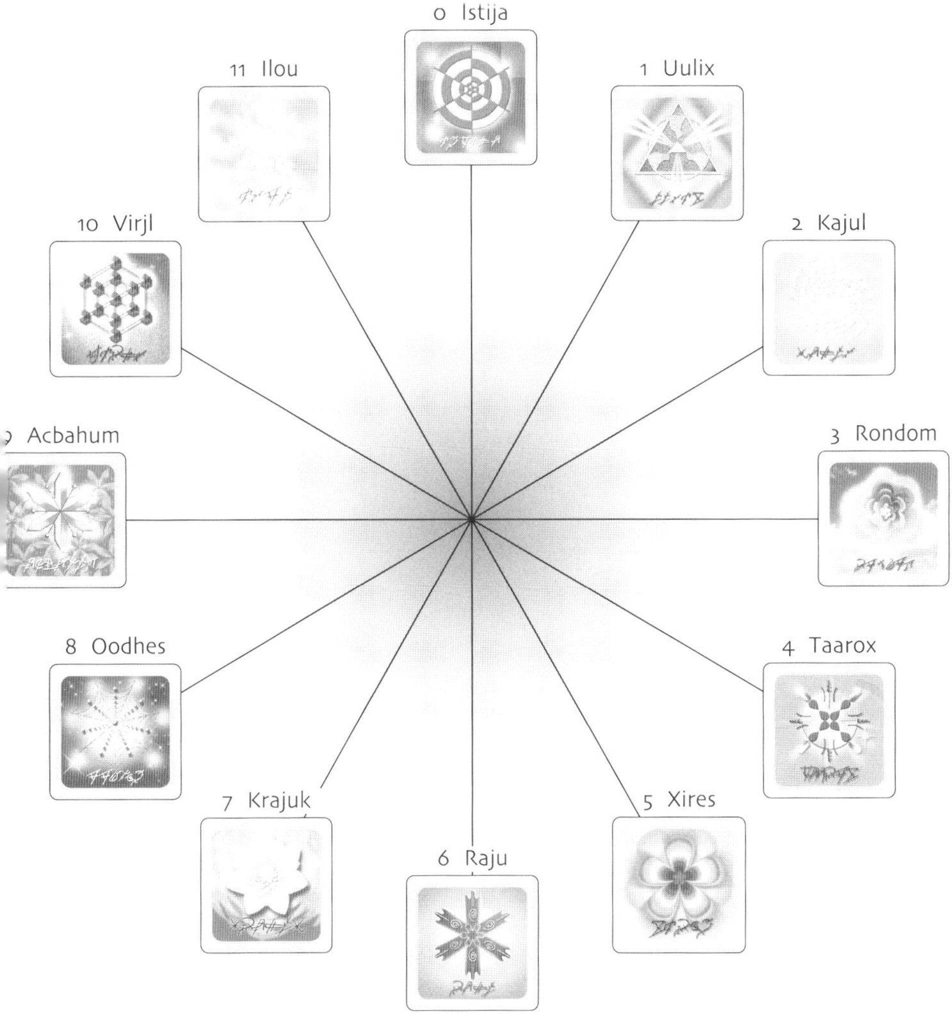

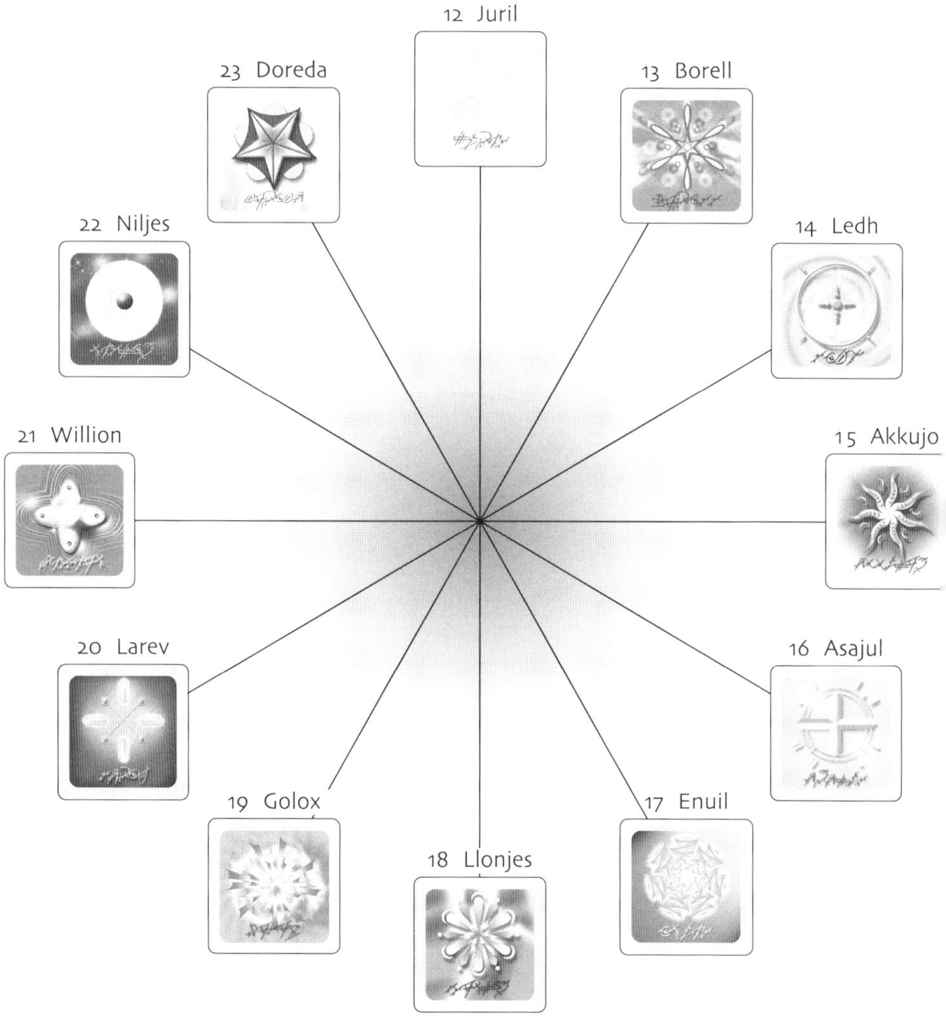
12 Juril
13 Borell
14 Ledh
15 Akkujo
16 Asajul
17 Enuil
18 Llonjes
19 Golox
20 Larev
21 Willion
22 Niljes
23 Doreda

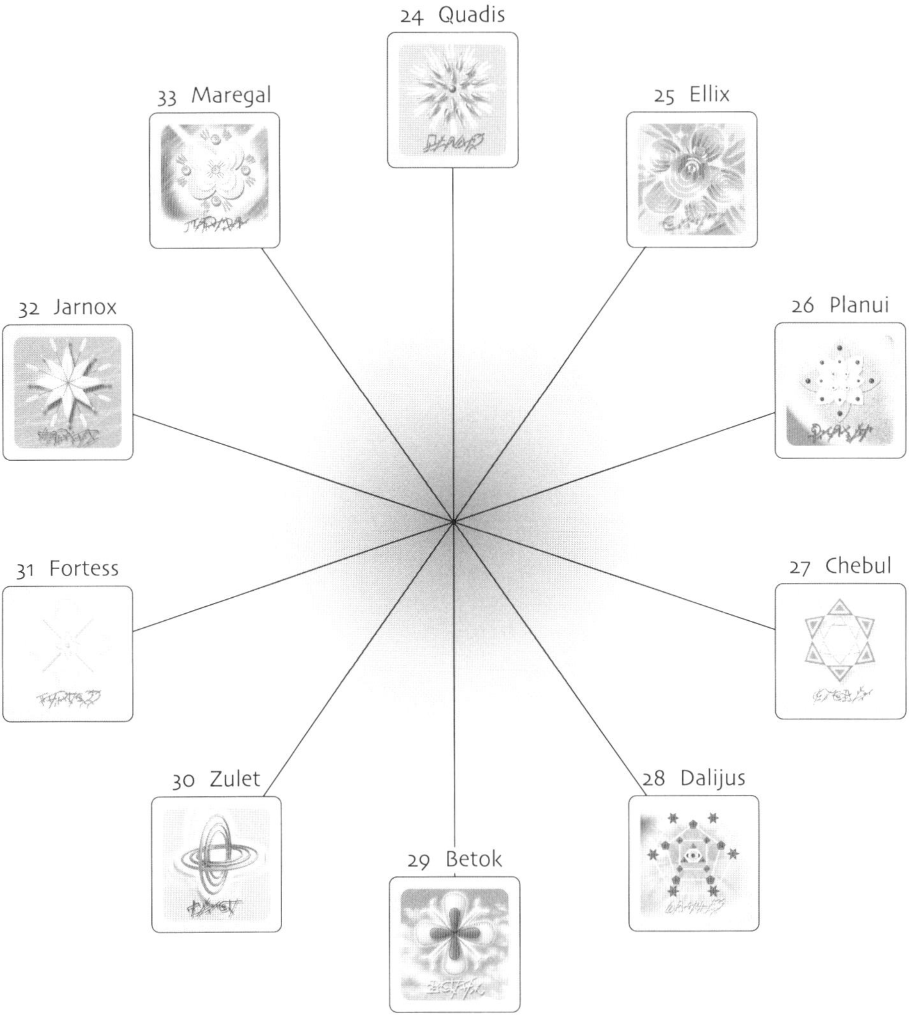
24 Quadis
25 Ellix
26 Planui
27 Chebul
28 Dalijus
29 Betok
30 Zulet
31 Fortess
32 Jarnox
33 Maregal

Kapitel 3

Die einzelnen Mandalas

Istija

Anfang bedeutet Ende
Und Ende bedeutet Anfang
So funktioniert „Alles"
Doch jenseits von Stirb und Werde
Existiert der absolute Seins-Zustand

Zahl: 0

Stirb und Werde
Der absolute Seins-Zustand

Das göttliche Mandala **Istija** verkörpert die reine Kraft des „Stirb und Werde-Prinzips". Wird dieses universelle Gesetz vollkommen verinnerlicht und akzeptiert, kommt unweigerlich die Einsicht: Jenseits des ständigen Wandels aller Dinge verbirgt sich der absolute göttliche Seins-Zustand.
Die „explosiv-atomare" Energie des Mandalas **Istija** demonstriert diesen Wandel allen Lebens und konfrontiert uns mit der Kraft der Veränderung. Erst wenn der „Tod" eingetreten ist, kann neues Leben geboren werden. Und dennoch, jenseits von Leben und Tod existiert die absolute göttliche Einheit, jener geheimnisvolle Zustand, dem jedes Lebewesen intuitiv entgegenstrebt.
Betrachtet oder visualisiert mensch dieses Mandala, nimmt er den Wandel sowie damit verbundene Veränderungen in seinem Leben bewusster wahr. **Istija** unterstützt ihn dabei zu akzeptieren: „Alles ist gut, wie es ist", auch wenn die momentane Lebenssituation total dagegen spricht. Erst jetzt ist mensch fähig, in den göttlichen Seins-

Istija

Stirb und Werde

der absolute Seins-Zustand

Zahl: 0

Anfang bedeutet Ende
Ende bedeutet Anfang
So funktioniert „Alles"
Doch jenseits von Stirb und Werde
Existiert der absolute Seins-Zustand

Zustand vorzudringen und diesen, trotz der Polarität auf Terra Gaia, zu erfahren und in sein Leben zu integrieren.

Affirmation:
Ich bin der Anfang und das Ende, Stirb und Werde!
Ich bin Alles und werde immer sein!

Uulix

Gegensätze verbinden sich
Polaritäten verschmelzen zu einer Kraft
Grenzen zerfließen im unendlichen Raum
Totale Harmonie
Jenseits von Zeit und Raum existiert
umfassende göttliche Einheit

Zahl: 1

Die göttliche Einheit
Verbindung der männlichen und weiblichen Polarität Gottes

Uulix ist der Ausdruck aller Formen Gottes. Dieses Mandala verkörpert das wahre göttliche Wesen. Es stellt die Verbindung des „göttlichen Lichtes" – der männlichen Polarität mit der „göttlichen Quelle" – der weiblichen Polarität Gottes – her. Jetzt gibt es nichts mehr hinzuzufügen, nichts mehr, was ergänzt werden müsste. Das Licht steht für die aktive, treibende, männliche Kraft Gottes, während die Quelle die passive, fließende, weibliche Energie Gottes darstellt. Beide Energien ergänzen einander in absolut perfekter Weise; sie brauchen einander, um vollkommen zu sein. Der Mensch definiert sich von Anbeginn an aus beiden Polaritäten, und je mehr sich die männliche und die weibliche Energie in ihm vereinen, desto höher kann er sich entwickeln.
In der lemurianischen Zahl 1 sind beide Pole als gerade, männliche sowie als fließende, weibliche Linie enthalten. Trotzdem stellt diese Zahl die „eine Kraft" jenseits von Zeit und Raum dar. Gott besteht also zu gleichen Teilen aus ei-

Uulix

Die göttliche Einheit

Verbindung der männlichen und
weiblichen Polarität Gottes

Zahl: 1

Gegensätze verbinden sich
Polaritäten verschmelzen zu einer Kraft
Grenzen zerfließen im unendlichen Raum
Totale Harmonie
Jenseits von Zeit und Raum totale göttliche Einheit

nem männlichen und einem weiblichen Pol, das ist das „große Geheimnis“. Gleichzeitig ist dies die Ursache so vieler Missverständnisse auf unserem Planeten.
Die Energie des Mandalas **Uulix** offenbart dem Menschen dieses tiefe göttliche Geheimnis – er wird sozusagen eingeweiht.

Affirmation:
Ich bin der Ausdruck Gottes mit seiner männlichen und weiblichen Polarität!

Kajul

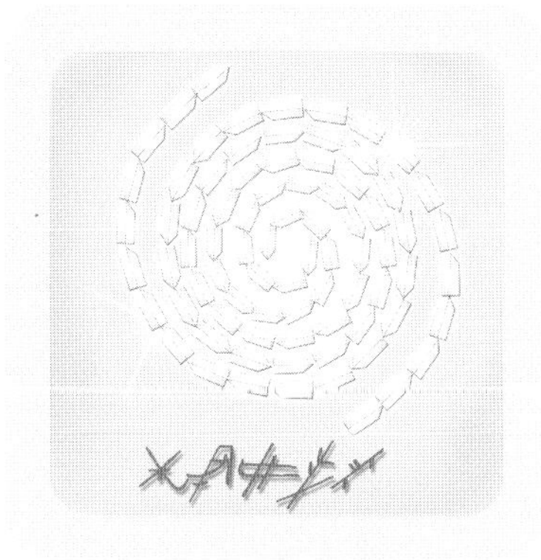

Ich drehe links herum
Ich drehe rechts herum
Gleichmäßiger Fluss gegensätzlicher Pole
Ausgleich der polaren Energien

Zahl: 2 Initiation, Aktivierung

Die Hauptaufgabe von **Kajul** liegt darin, die Chakren unseres Planeten Terra Gaja zu reinigen und zu aktivieren, um sie wieder auf ihre ursprüngliche göttliche Frequenz anzuheben. Sie wurden durch Manipulation in der spätatlantischen Epoche in ihrer Schwingungsfrequenz um etwa 50% reduziert.
Durch das Installieren dieses machtvollen Mandalas wird auf unserem Planeten ein tief greifender Reinigungs- und Regenerationsprozess in Gang gesetzt. Terra Gaia wird von allen Formen der Manipulation befreit. Dies zieht natürlich auch einen Be-Reinigungs-Prozess aller Lebewesen auf diesem Planeten nach sich.
Visualisiert mensch dieses Mandala gleichzeitig über seinem Scheitelpunkt und unter seinen Fußsohlen, kommen männliche und weibliche Energien schrittweise in Gleichklang, was sich für die spirituelle Entwicklung als ungemein förderlich erweist.
Durch intensives Betrachten der Mandala-Karte werden das Chakren-System und dementsprechend auch die dazu-

gehörigen Drüsen in besonderer Weise aktiviert und wieder auf ihre ursprüngliche lemurianische Frequenz erhöht. Der Mensch erlangt dadurch totale Harmonie und Ausgeglichenheit. Das in unserer Gesellschaft verankerte Konkurrenzdenken verliert für ihn allmählich seine Bedeutung, er befreit sich aus polaren Strukturen und Machtzwängen.
In Räumen und an bestimmten Plätzen oder Orten aufgestellt oder geistig installiert, entfaltet das Mandala **Kajul** klärende Kräfte, die Altes auflösen. **Kajul** fördert das Entstehen von besonderen Kraftplätzen, die sich sehr gut für spirituelle Arbeit oder Meditationen eignen.

Affirmation:
Ich bin von ganzem Herzen bereit!

Rondom

Die Rose des Herzens entfaltet ihre Blüte
Du hörst den sanften Herzschlag Gottes
Jetzt öffnet sich dein Herz zur Gänze
Du erkennst die Verbindung mit „Allem, was ist“

Zahl: 3

Blüte des Herzens – Grenzenlose Öffnung
Öffnet das Herz und lässt es voll erblühen

Die Zahl 3 entfaltet sich zur Zahl 9 und initiiert die totale Öffnung auf allen Ebenen.

Sobald mensch bereit ist, das Wunder der Schöpfung in allen Dingen zu sehen und anzuerkennen, öffnet sich sein Herz zur Gänze; es erblüht in seiner ursprünglich göttlichen Pracht. An diesem Punkt angelangt, entdeckt mensch seine Verbindung mit dem gesamten Universum. Er spürt, dass er in totalem Einklang mit allem Leben fließt. Jetzt existiert nichts Trennendes mehr.
Plötzlich erstrahlt die uns umgebende Welt farbenfroher, wirkt lebendiger.
Diese in höchstem Maße bereichernde Erfahrung lässt das Leben wesentlich bunter und vielschichtiger erscheinen. Mensch erhält die Fähigkeit, auch in schwierigen Lebenssituationen Entwicklungsschritte zu erkennen und diese Erfahrungen anzunehmen. Mit diesem Gefühl von Offenheit und Weite können ganz neue Aspekte ins Leben treten und es bereichern.

Rondom

Blüte des Herzens
– Grenzenlose Öffnung

Zahl: 3

Die Rose des Herzens entfaltet ihre Blüte
Du hörst den sanften Herzschlag Gottes
Jetzt öffnet sich dein Herz zur Gänze
Du erkennst die Verbindung mit „Allem was ist"

Das Mandala **Rondom** öffnet das Herz in ganz besonderer Weise.
So wird mensch fähig zu erkennen, dass er stets in Verbindung mit dem großen Ganzen ist. Es hilft mensch dabei, in wunderbarem Gleichklang mit dem Leben zu fließen, alle Lebensumstände willkommen zu heißen und als Erfahrung zu betrachten.

Affirmation:
Ich öffne mein Herz zur Gänze und folge dem Weg des Herzens!

Taarox

Genährt und getragen von Mutter Erde
Transformiert durch das Feuer
Geläutert und gereinigt von klarem Wasser
Angetrieben durch die Kraft des Windes
Alles befindet sich im ständigen Wandel

Zahl: 4

Verbindung der Elemente
Immerwährender Wandel

Erst wenn sich alle vier Aspekte in der Natur vereinen, kann „Etwas“ als „Ganzes“ neu geboren werden. Das ist das Prinzip der Entstehung von Materie.
Die Natur selbst lehrt uns dieses elementare Gesetz.
Nichts im gesamten Universum existiert durch sich alleine; alles braucht einen Gegenpol, um reifen und wachsen zu können. Doch erst wenn sich alle Aspekte der Natur zu einem Ganzen zusammenfügen, entsteht wirklich sinnvolles Wachstum.
Diesen Prozess können wir täglich in unserer Umwelt beobachten.
Die gleichen Gesetzmäßigkeiten gelten natürlich auch für den Menschen. Erst wenn mensch alle Aspekte seiner wahren Natur vereint und integriert hat, kann effiziente und dauerhafte Entwicklung geschehen.
Taarox bringt mensch alle Aspekte seiner wahren Natur zurück, die verloren geglaubt schienen und hilft mit, diese zu integrieren. So kann er als „Ganzes“ neu geboren werden und zu seiner ursprünglichen Einheit zurückfinden.

Taarox

Verbindung der Elemente

der stetige Wandel

Zahl: 4

Genährt und getragen von Mutter Erde
Transformiert durch das Feuer
Geläutert und gereinigt von klarem Wasser
Angetrieben durch die Kraft des Windes
Alles befindet sich im ständigen Wandel

Dies ist ein dauerhafter Entwicklungs- und Reifungsprozess, der ein ganzes Leben lang währt. Wir sammeln so lange Erfahrungen, bis unsere Entwicklung vollkommen abgeschlossen ist. **Taarox** unterstützt und beschleunigt diesen Weg. Dieses Mandala wird aktiviert durch intensives Betrachten bzw. indem es geistig visualisiert wird. Es entfaltet seine volle Energie zum Wohle der Menschen, auch wenn es einfach im Raum aufgestellt wird, wo sie sich am häufigsten aufhalten.

Affirmation:
Ich handle im Einklang mit den Gesetzen meiner wahren Natur; so komme ich wirklich in Fluss!

Xires

Prächtig, von unendlicher Kraft
Die wunderbarste Farbenpracht
Alles strahlt in vollkommenem Licht
Höchste Vollendung durch Gottes Hand

Zahl: 5 Höchste Vollendung

Xires repräsentiert die Energie der höchsten Vollendung.
Bekannterweise befindet sich „alles" in ständiger Veränderung. Die Antriebskraft dafür ist das Bestreben allen Lebens nach absoluter, höchster Vollendung. Dies ist auch der Grund für Evolution und Entwicklung.
Mensch strebt immer wieder nach Perfektion, wünscht Veränderungen, obwohl er kaum im Stande ist, die globalen Zusammenhänge zu erfassen. Er sucht nach Vollkommenheit im Außen und ist mit sich selbst noch nicht im Reinen. Dabei geht es nur darum, Eigenverantwortung zu übernehmen und die eigene Sichtweise zu verändern und nicht die Welt. Es gibt weder Gut noch Böse, lediglich Erfahrungen, die wir sammeln, und die uns schrittweise unserer eigenen Vollendung näher bringen. Deshalb ist alles, wie es ist, jederzeit „richtig" und in bester Ordnung.
Das Mandala **Xires** führt mensch zu einer umfassenderen Sichtweise der Dinge. Er erkennt die Weiterentwicklung in jedem Detail und erfährt, dass er nur für seine

ureigene Entwicklung verantwortlich ist und nicht für die „Anderer"; dies nimmt ihm letztendlich eine große Last von seinen Schultern. Durch **Xires** erhält mensch das richtige Maß an Eigenverantwortung, das ihn in seiner Entwicklung voranschreiten lässt und gibt ihm die Fähigkeit, sich aus den „Angelegenheiten" herauszuhalten, die ihn nichts angehen. So befreit sich mensch von unnötigen Belastungen und Sorgen um andere, obschon er durch sein bewusstes Handeln zum höchsten Wohle aller Dinge beiträgt, und dies wiederum beschleunigt seinen eigenen Entwicklungsprozess. Oftmals ist die weiseste Entscheidung, „nichts" zu tun, sich nicht einzumischen und einzugreifen, sondern sich nur hinzugeben und sich für Unterstützungsmöglichkeiten zu öffnen. Der gesamte Kosmos funktioniert ohnehin dann am besten, wenn mensch sich nicht allzu viel einmischt! Nur so kann sich alles entwickeln und irgendwann zur höchsten Vollendung gelangen.

Affirmation:
Ich erkenne an, dass sich alles jederzeit weiter entwickelt, und zwar so lange, bis es vollkommen ist!

Raju

Streue Blumen auf allen Wegen
Es verdichtet sich zu Gottes Segen
Alles was erblühen soll

Zahl: 6

Das Blumen-Mandala
Gestaltgebung, Fortpflanzung

Raju ist das Blumen-Mandala Lemurias und gleichzeitig versinnbildlicht es den göttlichen Ausdruck von Gestaltgebung und Fortpflanzung. Es offenbart die gesamte Schöpfung mit ihrer vollkommenen Schönheit. **Raju** gilt ganz allgemein als Stimmungsaufheller und lässt mensch regelrecht aufblühen.
Blütenpflanzen (Blumen im eigentlichen Sinn) verstehen sich als Aura-Aufheller anderer Lebewesen. Sie bringen ihre Umwelt zum Strahlen und verbreiten Freude, Harmonie und Wohlgefühl. Menschen, die regelmäßig über diesem Mandala meditiert, strahlen ebenfalls eine enorme Freude aus, die sich sofort auf ihre Umgebung überträgt.
Dieses Mandala hilft mensch auch dabei, die Strahl- und Heilkraft von Pflanzen und der Natur wieder intensiver erleben und bewusster genießen zu können.
Als Ausdruck der Fortpflanzung unterstützt **Raju** in ganz besonderer Weise jene Menschen, die den Wunsch hegen, eine Familie zu gründen. Wie Blumen Freude bereiten und das Herz zu öffnen vermögen, so entsteht auch durch

Raju

Das Blumen-Mandala

Gestaltgebung, Fortpflanzung

Zahl: 6

Streue Blumen auf allen Wegen
Verdichtet sich Gottes Segen
Für alles was erblühen soll

bewusst gelebte Sexualität ein tiefes Gefühl von Freude und Harmonie. Ist die partnerschaftliche Verbindung frei von Schuldgefühlen und Vorbehalten, öffnet und weitet sich das Herz der Liebenden. Dies ist die ideale Voraussetzung zur Erschaffung neuen Lebens.

Wird das Mandala **Raju** im Schlafzimmer aufgestellt oder geistig installiert, verbreitet es eine Atmosphäre, in der tiefe, ehrliche Gefühle, Freude und Harmonie entstehen können, und die schließlich in der Sexualität ihren Ausdruck finden.

Werden Blumen mit der **Raju**-Essenz gegossen, leuchten sie stärker und duften intensiver. Dazu ein Glas Wasser für mindestens 5 Minuten auf das Mandala stellen und dann dem Wasser zufügen, mit dem die Blumen gegossen werden. Heilkräuter entfalten wieder ihre volle, ursprüngliche Wirkkraft, wenn sie mit diesem machtvollen Mandala energetisiert werden. Hierfür entweder die Mandala-Karte zu den Heilkräutern legen oder die Kräuter mit diesem Mandala segnen.

Affirmation:

Ich erblühe wie eine wunderbare Blume und bringe Freude, wo immer ich erscheine!

Krajuk

Golden ist meine Ausdruckskraft
Fülle mein Geschenk
Ich strahle im satten Licht des göttlichen Reichtums
Wohlstand und Wohlgefühl All-Überall

Zahl: 7

Der goldene Lotos
Fülle, Reichtum, Wohlstand

Der 7-blättrige Lotos ist der göttliche Ausdruck für unendliche Fülle, Reichtum, Wohlstand auf allen Ebenen des Seins.

Der goldene Lotos **Krajuk** verleiht mensch die uneingeschränkte göttliche Voll-Macht, Fülle, Reichtum und Wohlstand auf allen Seins-Ebenen leben und erleben zu können. Gott demonstriert damit sein grenzenloses Vertrauen in uns Menschen.
Er überlässt es jedoch der Integrität eines jeden einzelnen von uns, diese wunderbaren Geschenke zum Wohle des großen Ganzen zu gebrauchen und einzusetzen. So will es das Gesetz des freien Willens. Betrachte oder visualisiere das mächtige Mandala **Krajuk** und werde dir seiner wunderbaren, goldenen Pracht bewusst. Nun lege alle deine Wünsche hinein, damit diese gemäß dem göttlichen Plan verwirklicht werden können.
Bedenke jedoch, die göttliche Sichtweise ist universeller und umfassender als unsere menschliche, und nichts im

Krajuk

Der goldene Lotos
Fülle, Reichtum, Wohlstand

Zahl: 7

Golden ist meine Ausdruckskraft
Fülle mein Geschenk
Ich strahle im satten Licht des göttlichen Reichtums
Wohlstand und Wohlgefühl All-Überall

Universum geschieht, was nicht in das Gesamt-Konzept passen würde. Wisse, dass du jederzeit von Fülle, Reichtum und Wohlstand umgeben bist; es braucht nur deine absolute, bedingungslose Bereitschaft und Einwilligung, um alles zu bekommen, was dir zusteht.

Affirmation:
Ich lebe uneingeschränkt in der göttlichen Fülle, Reichtum, Wohlstand und gebrauche dieses Geschenk zum Wohle aller!

Oodhes

Raum in Raum, Zeit in Zeit
Alles löst sich auf, alles ist völlig klar
Jetzt öffnet sich der wahre Raum deiner Wirklichkeit
Fließe in die unendliche Weite des Seins

Zahl: 8

Unendliche Weite

„Alles Ist"

Wenn Raum und Zeit verschmelzen, sich „Alles" in absolute Klarheit auflöst, da öffnet sich diese unendliche Weite, in der „Nichts" mehr existiert.
In diesem wunderbaren Zustand von totaler Leere kann sich der menschliche Geist voll entfalten. Jetzt ist es möglich, alle Grenzen aufzulösen. Von nun an gibt es keine Hindernisse mehr. Ein Zustand wie in einem wunderschönen Traum, schwerelos und leicht, und trotzdem so real und nah.
Du befindest dich im wahren Raum deiner Wirklichkeit, darüber gibt es nicht mehr die geringsten Zweifel. Jetzt ist absolut „Alles" möglich.
Schwingt sich mensch auf das Mandala **Oodhes** ein, wird er, wie auf einem unsichtbaren Netz, in diesen Zustand von unendlicher Weite transportiert.
Hier herrscht absolute Klarheit, grenzenlose Freiheit. An diesem Ort der Stille befindet sich dein wahres Zuhause.

Oodhes

Unendliche Weite

„Alles Ist"

Zahl: 8

Raum in Raum, Zeit in Zeit
Alles löst sich auf, alles ist völlig klar
Jetzt öffnet sich der wahre Raum deiner Wirklichkeit
Fließe in die unendliche Weite des Seins

Affirmation:
Ich fließe in die unendliche Weite des Raumes und finde mein wahres Ich!

Acbahum

Die Schwingung der Kristalle
Entfaltet ihre Ur-Kraft
Im strahlenden Licht Gottes

Zahl: 9

Das Kristall-Mandala
Erneuerung, Entfaltung

Das Kristall–Mandala **Acbahum** ist das Haupt-Mandala Lemurias. Es wurde von den Plejadiern in der 11. Dimension installiert. Dieses Mandala durchdringt alle Seins-Ebenen mit einer wunderbaren, strahlenden Energie von Erneuerung und Entfaltung. Es übermittelt am besten jene Schwingung von Lemuria, welche das harmonische Zusammenleben von Mensch und Natur mit dem gesamten Universum prägte.
Acbahum besitzt die universellste und machtvollste Energie aller Lemuria-Mandalas. Seine Leuchtkraft ist schier unvorstellbar und die Anwendungsmöglichkeiten sind fast grenzenlos. Dieses Mandala ist „der Kraft-Verstärker“ schlechthin. Es leistet überall dort besondere Dienste, wo Erneuerung geschehen soll, wo mensch sich von Altlasten befreien will und bereit ist, sein Leben neu auszurichten. **Acbahum** übermittelt hierfür die richtigen Impulse und fördert jene Kreativität im Menschen, die nötig ist, um diese Kraft optimal zu nutzen. Legt mensch beispielsweise dieses Mandala mit Kristallen oder visualisiert es geistig an einem bestimmten Platz, entfaltet sich dort für ihn ein besonderer Ort der Kraft. In diesem Kraftfeld können alle Energien wieder frei fließen. Die „Arbeit“ mit dem

Acbahum

Das Kristall-Mandala

Erneuerung, Entfaltung

Zahl: 9

Die Schwingung der Kristalle
Entfaltet ihre Ur-Kraft
Im strahlenden Licht Gottes

Kristall-Mandala **Acbahum** fördert auf wunderbare Weise die spirituelle Entwicklung – mensch entfaltet in seinem Lichte besondere Fähigkeiten. Durch die Energie von **Acbahum** wird die ursprünglich „reine“ Kraft von Orten, Plätzen, Räumen oder Gegenständen wieder voll erweckt oder aktiviert. Dieses kraftvolle Mandala befreit sie von jeglicher Altlast und Manipulation.

Reaktivieren von Kristallen, Heil- und Edelsteinen:
Die gegenwärtige Kraft der Kristalle sowie der Edel- und Heilsteine beträgt durchschnittlich nur noch ca. 50 Prozent im Vergleich zu jener Ausstrahlung während der lemurianischen Epoche. Der Grund dafür war ein starker Missbrauch dieser machtvollen Energien in der spätatlantischen Periode. Kristalle sind ursprünglich die Speicher der 7 göttlichen Strahlen.

Die Regeneration sowie die Neuaufladung dieser Kristalle erfolgt durch das Kristall-Mandala **Acbahum**. Die Einwirk-Zeit für diese energetische Auffrischung beträgt 7 Minuten, entsprechend den 7 göttlichen Strahlen. Mit **Acbahum** gelingt zudem eine Steigerung der Lebenskraft bis zu 50 Prozent. Dies gilt beispielsweise auch für die Kraft eines Motors.

Dieses Mandala kann auf vielfältigste Weise eingesetzt werden. Es dient stets dem „Großen Ganzen“, um die ursprünglich göttliche Ordnung wieder herzustellen.

Affirmation: Ich bin!

Virjl

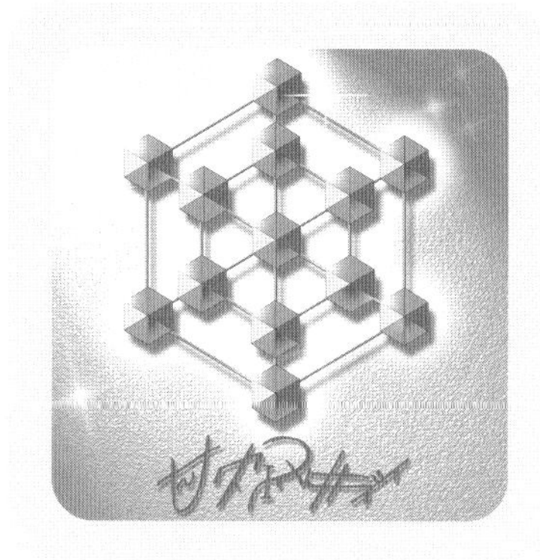

Klar und rein ist mein Schein
Meine Strahlen durchdringen „Alles Sein"
So wirke ich, so wasche ich „Alles" rein

Zahl: 10 Absolute Klarheit

Von absoluter Klarheit durchdrungen, jegliche trübe Materie klärend, alles leuchtet in voller Pracht, das ist die Wirk-Kraft von **Virjl**. Dieses Mandala lässt alle Dinge im Universum wieder in ihrem vollen Glanz erstrahlen und bringt dadurch die ursprünglich göttliche Kraft in Allem zum Ausdruck.
Virjl entfaltet mächtige transformierende Energien, um Trübungen zu entfernen. Dieses Mandala dreht sich mit immenser Geschwindigkeit um die eigene Achse, damit dieser Reinigungsprozess vonstatten gehen kann. Es liegt auf der Hand, dass auf diese Weise gereinigte Dinge und Energien totale Leichtigkeit erlangen. Dadurch macht es **Virjl** möglich, Energien, Botschaften und sogar Materie mit enormer Geschwindigkeit an ihren Bestimmungsort zu transportieren, der überall im gesamten Universum liegen kann. Die einzige Bedingung dafür ist, dass die Absicht klar und rein sein muss; es darf nicht ein Funke egoistischen Gedankengutes mit im Spiel sein, ansonsten funktioniert das Vorhaben nicht. Das ist auch der Grund,

weshalb die meisten Experimente mit freien Energien scheitern; mensch verbirgt sehr oft seinem Ego entsprungene Gedanken hinter offenkundlichem Wohlwollen.
Sind also deine Gedanken rein, klar und frei von Egoismus, so lege Energien oder Botschaften oder all die Dinge, die du möchtest, in das Mandala **Virjl**, und sie werden augenblicklich an den von dir gewählten Bestimmungsort überall im Universum gelangen. Hierin liegt die Erklärung, wieso geistig hoch entwickelte Menschen mit (freien) Energien sogar über große Entfernungen hinweg Wirkung erzielen können.
Je reiner und klarer ihre Absicht ist, desto größer ist die Wirkkraft.
Virjl unterstützt den Menschen dabei, seine Gedanken zu reinigen und zu klären, und fördert so seine geistige Entwicklung hin zum Göttlichen.

Affirmation:
Ich bin absolute Klarheit in allem, was ich tue!

Ilou

Leicht wie eine Schneeflocke
Schwebe ich durch den weiten Raum
Die Leichtigkeit des Seins
Es ist wie im Traum

Zahl: 11 Aufstieg, Dimensionswechsel

Das Mandala **Ilou** treibt mit der unendlichen Leichtigkeit einer Schneeflocke durch den weiten Raum – federleicht und mühelos. Es will uns zeigen, wie wahre Entwicklung vonstatten geht. Der Quantensprung vollzieht sich spielerisch, völlig mühelos und nicht selten in einem Moment, in dem wir ihn nie erwartet hätten. Auch die Art und Weise, wie und wann ein derart großer Entwicklungsschritt geschieht, entspricht so gut wie nie unseren Vorstellungen. Es kommt meistens ganz anders, als mensch denkt. Die einzige Voraussetzung ist, wir müssen absolut bereit sein, den Sprung zu wagen, egal wohin.
Ilou drückt die Leichtigkeit des Seins aus, welche uns der göttliche Wille ursprünglich zugedacht hat. Sobald mensch bereit ist, unnötigen Ballast abzuwerfen und sein Leben zu entrümpeln, tritt ein inneres Gefühl von Freude und Leichtigkeit zu Tage. Jetzt ist ein Dimensionswechsel völlig mühelos möglich.
Befindet sich mensch im Prozess, hängt er/sie sozusagen zwischen den Dimensionen, so unterstützt ihn dieses

Mandala dabei, die nötige Leichtigkeit und Freude für den Aufstieg in die nächste Ebene zu erreichen. So fördert **Ilou** sehr stark unsere Weiterentwicklung in Richtung Ganzheit.

Affirmation:
Ich wechsle die Ebenen mit unendlicher Leichtigkeit,
nur so gelingt der Quantensprung!

Juril

Überall ist mein heller Schein
Ich kenne nicht Gut und nicht Böse
Ich urteile nicht
Licht und Wärme, auf allen Ebenen unendliche Kraft
Das ist meine ureigene Bestimmung

Zahl: 12 Das Sonnen-Mandala

Nichts existiert ohne die Kraft und Energie der Sonne. Sie durchdringt mit ihrem klaren „Schein" alles, was im gesamten Universum existiert. Ihre Strahlen kennen keinen Unterschied, sie urteilen nicht, alles wird vorurteilsfrei von der Sonne bestrahlt und beleuchtet. Die Sonne ist es, die mit ihrem Licht, ihrer Wärme und Kraft alles mit Leben erfüllt; sie ist sozusagen der Ur-Vater allen Lebens.
Die Sonne spiegelt mensch die fürsorgliche, vorurteilsfreie Liebe eines Vaters, der seine Kinder ins Herz schließt, egal, welchen Weg sie letztendlich einschlagen. Wenn mensch anfängt, diesen Aspekt der Sonne zu verstehen und in sein eigenes Leben zu integrieren, tritt er Gott einen großen Schritt näher.
Das Sonnen-Mandala **Juril** unterstützt mensch bei seinem Bestreben, mehr Herzenswärme zu entwickeln und hilft ihm dabei, „sein Licht" voll erstrahlen zu lassen.

Juril

Das Sonnen-Mandala

Zahl: 12

Überall ist mein heller Schein
Ich kenne nicht Gut und nicht Böse
Ich urteile nicht
Licht und Wärme, auf allen Ebenen unendliche Kraft
Das ist meine ureigene Bestimmung

Affirmation: Ich strahle im goldenen Licht der Sonne, unbeirrt gehe ich meinen Weg!

Borell

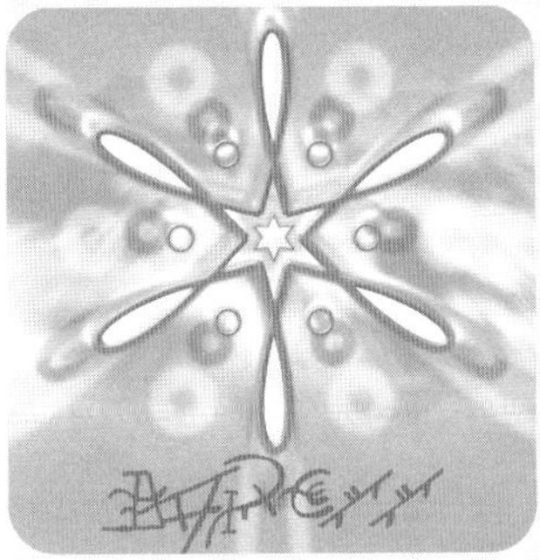

Neue Zeit, neues Leben
Sprenge alle Brücken, starte durch
Gestalte alles neu
Totaler Aufbruch zu neuen Ufern

Zahl: 13 Aufbruch

Borell ist ein universelles Mandala, das den Schwung für Aufbruch und Veränderung bringt. Hat sich mensch einmal dafür entschieden, sein Leben umzuorganisieren und neu zu gestalten, ist es erforderlich, alle Brücken zur Vergangenheit abzubrechen.
Wer das alte Ufer nicht verlässt, kann das Neue niemals erreichen.

Borell unterstützt diese Art von Neuorientierung oder Neuanfang in sehr starkem Maße; es trägt mensch durch diese schwierige Lebensphase. Die Energie dieses Mandalas setzt immer wieder dann neue Kräfte frei, wenn scheinbar nichts mehr geht; wenn es so scheint, als ob der Akku völlig leer wäre und Stillstand einkehrte. So wird sichergestellt, dass mensch das neue Ufer, sprich das angestrebte Ziel, auch sicher erreicht.
Borell wirkt durch seine Strahlung aus der Tiefe des Seins; es trägt den Menschen durch die schwierigen Zeiten der Veränderung.

Betrachte oder visualisiere dieses Mandala, lass dich in seine Energie hineinfallen, von ihr erfassen und tragen. Vertraue dich dieser Energie voll und ganz an.

Affirmation:
Ich breche auf zu neuen Ufern und kehre nie mehr zurück!

Ledh

Das Rad dreht gleichzeitig in beide Richtungen
Links und Rechts verlieren ihre Bedeutung
Jetzt geht es den Dingen auf den Grund

Zahl: 14 Transformation auf der individuell gewünschten Ebene

Das Mandala **Ledh** ist die Ausdruckskraft der Transformation.
Da alles Leben im gesamten Universum einem ständigen Veränderungsprozess unterworfen ist, gehört die Transformation zu den elementarsten göttlichen Prinzipien. Obwohl sich nichts und absolut niemand diesem Prozess entziehen kann, verläuft er doch für Alles und Jeden individuell verschieden. Der Transformationsprozess ist so einzigartig wie jedes einzelne Individuum selbst. Diesem universellen Gesetz trägt das Lemuria-Mandala **Ledh** Rechnung.
Jedes Lebewesen durchläuft seinen einzigartigen Umwandlungsprozess, bis hin zur Entwicklung zum göttlichen Selbst. **Ledh** unterstützt diesen Weg in besonders tiefer, aber sanfter Weise. Was immer sich mensch als Programm ausgesucht hat, welche Wandlungsphasen er auch durchlaufen möchte, dieses Mandala unterstützt ihn bei der Bewältigung seines Weges.

Ledh

Transformation auf der individuell gewünschten Ebene

Zahl: 14

Das Rad dreht gleichzeitig in beide Richtungen
Links und rechts verlieren ihre Bedeutung
Jetzt geht es den Dingen auf den Grund

Zeichnet mensch das Mandala **Ledh** beispielsweise auf die Erde und stellt sich hinein, ist augenblicklich Transformation auf der individuell gewünschten Ebene möglich. Das Gleiche geschieht auch bei der Meditation mit diesem Mandala. Es gilt allerdings zu bedenken, dass unsere menschlichen Wünsche den „göttlichen" unterzuordnen sind, da unser Leben der göttlichen Weitsicht und Ordnung unterstellt ist.
Auch Räume, Orte und Plätze sowie Gegenstände erfahren durch **Ledh** individuelle Transformation. Wird etwas transformiert, so wird es automatisch auch von alten Verhaftungen gelöst; dies ist oftmals bereits der Anfang einer richtungweisenden kontinuierlichen Veränderung.

Affirmation:
Ich weiß, dass sich alles ständig im Wandel befindet – auch ich unterliege diesem elementaren Prinzip!

Akkujos

In der Tiefe deiner Seele
Liegt die „große Freiheit"
In dieser friedvollen Stille
Bist du All-Eins

Zahl: 15 Auflösung von schicksalhaften Verstrickungen und Programmierungen

Das Mandala **Akkujos** besitzt jene kraftvolle Energie, die nötig ist, um schicksalhafte Verstrickungen aller Art aufzulösen. Es wirbelt wie ein überdimensionales, schnell rotierendes vielschneidiges Messer und trennt mit scharfen, schmerzlosen Schnitten die Verstrickungen und somit die Verbindung zur Vergangenheit endgültig. Diese mächtige Kraft ist überall da von Nöten, wo mensch sich von alten belastenden Mustern und Verhaftungen lösen möchte. Programmierungen, die aus schicksalhaften Verstrickungen stammen, behindern unsere Entwicklung und unseren Aufstieg ins Licht ganz erheblich. Es ist nun an der Zeit, sich auch von den letzten Resten dieser Altlasten zu befreien. Die kontinuierlich ansteigende Schwingungsfrequenz auf unserem Planeten Terra Gaia fördert und beschleunigt diesen Loslösungsprozess noch zusätzlich.
Die machtvolle Energie des Mandalas **Akkujos** hilft uns Menschen dabei, uns von den belastenden, schicksalhaften Verstrickungen und deren schwerwiegenden Kon-

Akkujos

Auflösung von karmischen Verstrickungen

Zahl: 15

In der Tiefe deiner Seele
Liegt die „große Freiheit"
In dieser friedvollen Stille
Bist du All-Eins

ditionierungen zu befreien. Es bringt den Menschen zurück zu seinem ursprünglichen Seelenfrieden, wie er von unserem Schöpfer gewollt und auf Lemuria üblich war.
Visualisiert mensch das Mandala **Akkujos** über dem 3. Auge mit der festen Absicht, sich von seiner Vergangenheit vollständig zu lösen, so durchtrennt es mit „scharfer Klinge" alle Stricke, die sein Herz noch gefangen halten. Es befreit ihn von der schweren Last, die er oft schon seit vielen Inkarnationen mit sich schleppt.
Dieses Ritual ist so oft zu wiederholen, bis wirklich alle Verbindungen, alle Fäden, durchtrennt sind. Gefühle von Schuld und Reue sind ab sofort nicht mehr nötig.
Sind nicht nur die Verstrickungen, sondern auch die daraus resultierenden Programme ein für alle Mal gelöscht, kann der Weg ins Licht mit einem neuen Gefühl von freudiger Leichtigkeit und Lebendigkeit fortgesetzt werden.

Affirmation:
Ich durchtrenne alle schicksalhaften Verstrickungen
und lösche alle daraus resultierenden Programmierungen,
unwiderruflich, jetzt!

Asajul

Weit und weiter, das bin ich
Grenzenlos frei, total offen
Ausgedehnt in alle Dimensionen
Dies ist mein wahres Wesen

Zahl: 16 Grenzenlose Ausdehnung

Das Mandala **Asajul** ist Ausdruck der grenzenlosen Ausdehnung in alle Seins-Dimensionen. Formen und Konturen zerfließen, Grenzen verschwimmen, alle „Hindernisse" werden überwunden. Aus diesem Gefühl von Weite erwächst eine innere Freiheit, die es möglich macht, Grenzen zu sprengen, sich selbst vermehrt zu leben und seine wahre Bestimmung zu finden. Diese Lebendigkeit und dieses Selbstvertrauen sind die Basis für ein Leben voller Offenheit und Freiheit. **Asajul** unterstützt mensch auf seinem Weg dorthin. Ausgestattet mit dieser neuen Lebenslust erhält mensch mehr Mut, sein Leben eigenverantwortlich in die Hand zu nehmen, neue Wege zu gehen und zu experimentieren, wohl wissend, dass Fehltritte jederzeit möglich sind, und er so manches Mal bei seinen Mitmenschen auf Unverständnis stoßen wird. Dieses Mandala bringt das tiefe Wissen, dass ausnahmslos jeder nur durch Erfahrungen lernt, auch und besonders aus Fehlern. Wichtig dabei ist nur, dass mensch lernt, seine Fehler zu akzeptieren und sich diese verzeiht, weil es diese im Grunde gar

Asajul

Totale Ausdehnung

Zahl: 16

Weit und weiter, das bin ich
Grenzenlos frei, total offen
Ausgedehnt in alle Dimensionen
Dies ist mein wahres Wesen

nicht gibt! Die Akzeptanz für unsere Schwächen und ein tiefes, von Herzen kommendes Verzeihen uns selbst gegenüber öffnen den Weg zu unserer wahren Bestimmung. Unser Lebensweg ist eine Abfolge von Erfahrungen und jede einzelne, auch die kleinste, scheinbar unbedeutendste, ist wichtig für unsere Entwicklung. Es spielt letztendlich keine Rolle, ob eine Erfahrung positiver oder negativer Natur ist – allein die Erfahrung als solche zählt. Die Summe unserer Erfahrungen macht uns schließlich zu dem, was wir in diesem Augenblick sind! Nur so können wir unserer ursprünglichen Bestimmung gerecht werden. Das Mandala **Asajul** eröffnet uns einen neuen, veränderten Blickwinkel für unser Leben. Betrachtet mensch dieses Mandala intensiv oder visualisiert es, erlebt er totale Ausdehnung in alle Seins-Dimensionen. Dieses Erleben bringt ihn seiner Bestimmung näher; jetzt kann er sich angstfrei für neue Perspektiven in seinem Leben öffnen. **Asajul** entfaltet auch entgrenzende, den Raum öffnende und ausdehnende Energien, wenn es an bestimmten Plätzen oder in Räumen aufgestellt oder geistig installiert wird.

Affirmation: Indem ich mich total ausdehne, erfahre ich mein grenzenloses Potenzial und erkenne meine Bestimmung!

Enuil

Schau dich um, werde dir gewahr
Nicht alles Glänzende ist Gold
Befreie dich jetzt von Un-Wahrem

Zahl: 17 — Erlösung von astralen Energien und Wesenheiten

Das Mandala **Enuil** strahlt mit immenser Leucht-Kraft. Es dreht sich langsam und kontinuierlich in alle Richtungen und zieht dadurch dunkle, manipulierende Energien an sich, um sie dann „aufzusaugen" und zu transformieren. Bisher ist mensch bis zu 50% durch astrale Energien und Wesenheiten gefährdet bzw. manipulierbar!
Wird das Mandala **Enuil** aktiviert, strahlt sein Licht so stark, dass negative Strahlung, die von außen kommt, sofort reflektiert wird. Dunkle Energien, Schattenwesen und negative Kräfte flüchten vor dieser gewaltigen Leucht-Kraft. **Enuil** ermöglicht es zudem, dass mensch Manipulation leichter durchschaut. Es schützt ihn davor, beobachtet und „durchleuchtet" zu werden. Dieses Mandala neutralisiert beispielsweise den Strichcode von Produkten und Waren, und es schützt vor jeglicher Verstrahlung durch Elektrosmog oder Handymasten.
Das Mandala **Enuil** lässt mensch tiefer hinter die Kulissen blicken und Machtstrukturen genauer analysieren. Er

Enuil

Befreiung von astralen Energien
und Wesenheiten

Zahl: 17

Schau dich um, werde dir gewahr
Nicht alles Glänzende ist Gold
Befreie dich jetzt von Un-Wahrem

beginnt Situationen kritischer zu betrachten und erkennt schließlich ihre Zusammenhänge. Arbeitet mensch mit dem Mandala **Enuil**, wird er durch astrale Wesenheiten nicht mehr angreif- bzw. manipulierbar. Auch alle anderen Lebewesen sowie Räume oder Plätze werden durch diese mächtige Leucht-Kraft dauerhaft von Fremdenergien aus der Parallelwelt der 4. Dimension befreit. Dieses Mandala sollte überall dort geistig installiert – oder die Karte ausgelegt – werden, wo mensch sich durch Strahlung belastet oder sich von fremden Mächten beobachtet oder bedroht fühlt.
Wird **Enuil** beispielsweise in der Küche installiert oder die Karte für eine bestimmte Zeit dort ausgelegt, so werden sowohl alle Lebensmittel wie auch der Elektrosmog der Küchengeräte dauerhaft neutralisiert. Die raumgreifende Energie dieses Mandalas dehnt sich stark aus und verbreitet sich weiter, sodass für die Menschen ein neutrales Umfeld entsteht, in dem sie geschützt leben können. Wie lange die Karte irgendwo liegen bleiben soll, entscheidet das Gefühl eines jeden einzelnen Menschen ganz individuell.

Affirmation:
Ich befreie mich dauerhaft von astralen Energien und von Strahlung jeglicher Art, ich fühle mich beschützt!

Llonjes

Glänzend klar, wunderbar
Nichts mehr, was stört
Überall die absolut reine Wahrheit

Zahl: 18 Die reine Wahrheit

Das Mandala **Llonjes** verkörpert die reine göttliche Wahrheit. Sein Glanz lässt alle Unklarheiten augenblicklich „verfliegen". Alles, was nicht der göttlichen Wahrheit entspricht, löst sich durch die Kraft **Llonjes** sofort und für immer in Licht auf.

Der menschliche Blick ist stets „getrübt" durch die Brille der Dualität auf Terra Gaia. Er schärft sich zwar in gewissem Maße durch die Entwicklung hin zur Ganzheit, aber niemals erreicht er jene unendliche Klarsicht und Weite, welche für göttliche Wesen, die in der Einheit leben, üblich ist. Gott und Göttin selber haben einen für uns Menschen schier unermesslichen Weitblick, durchdrungen von reinster Wahrheit und absoluter Güte. Dieser Ausdruck spiegelt sich im gesamten Universum wider, auch wenn es uns oftmals nicht so erscheint.
Je höher unsere Entwicklungsstufe ist, desto mehr Einblick erhalten wir in die kosmischen Zusammenhänge, und desto mehr werden wir fähig, die göttliche Wahrheit

hinter allen Dingen zu erkennen. Das Mandala **Llonjes** unterstützt mensch ganz besonders bei der Suche nach seiner persönlichen Wahrheit und öffnet seinen Blick für die wesentlichen Dinge des Lebens. Es gewährt ihm tiefe Einblicke in die göttlichen Ereignisse und lässt ihn die Zusammenhänge dahinter erkennen. So versteht er nach und nach die universellen Gesetzte, die eng mit der göttlichen Wahrheit verknüpft sind.
Mensch wird fähig, die reine göttliche Wahrheit sowie Vorgänge, die bisher außerhalb seines Blickwinkels lagen, zu sehen und zu verstehen und diese in sein Leben zu integrieren.

Affirmation:
Ich erkenne die göttliche Wahrheit hinter allen Dingen!

Golox

Aus dem „Nichts", da komme ich
Wenn „Nichts" mehr geht, beginne ich zu sein
Ich sprenge alle Grenzen

Zahl: 19 Der kosmische Ursprung

Golox ist das Mandala des kosmischen Ursprungs; seine Wirkung gleicht dem Urknall. Ähnlich einem Vulkanausbruch rüttelt die Energie dieses Mandalas alles auf, was schon lange im Innersten begraben oder verborgen lag und befördert es mit unbändiger Kraft nach außen. Die Schwingung des Mandalas **Golox** ruft tiefste, niemals zuvor vermutete Erinnerungen wach und befördert damit einhergehende, verborgenste Gefühle an die Oberfläche. Wer mit diesem Mandala arbeitet, steht meistens am Beginn eines gewaltigen Umbruchs in seinem Leben, wo zuerst ein tiefgreifender Klärungsprozess vonnöten ist.
Golox leitet diesen Prozess ein, indem es zuerst Altes, Verschüttetes aufrüttelt und offen legt, um Körper und Geist zu „entrümpeln". Sind die alten Felsbrocken weggesprengt, der Weg freigelegt, wird eine grundlegende Veränderung, ein Richtungswechsel erst möglich. Nach solch einem gründlichen Reinigungs- und Klärungsprozess mit tiefen Einblicken und Erkenntnissen, kann ein völlig neuer Lebensweg mit neuen Herausforderungen beschritten

werden. Betrachtet oder visualisiert mensch das Mandala **G o l o x**, kehrt er erst zu seinem kosmischen Ursprung zurück; hier werden die Weichen neu gestellt.
Jetzt kann er „durchstarten".

Affirmation:
Ich bin bereit, alles an die Oberfläche zu befördern, was in mir verborgen liegt!

Larev

Wo Ängste dich festhalten
Deine Freiheit bedrohen
Dort wirke ich, tief im Innersten
Ich öffne alle Schleusen
Jetzt kann der Strom des Lebens frei fließen

Zahl: 20 Loslassen von Ängsten

L a r e v ist das Mandala des Loslassens und unterstützt jegliche Art von Loslösungs-Prozessen. Dieses Mandala sprengt jene Fesseln, die uns daran hindern, die richtigen Schritte zu tun. Es ermutigt ihn, für seine Wünsche einzutreten, diese zu verwirklichen und auch zu leben. Gleichzeitig stärkt dieses Mandala das Selbstvertrauen in die eigenen Fähigkeiten und Kräfte.

Oftmals ist der menschliche Geist so sehr von Ängsten gefangen, dass kein Raum mehr bleibt für Wünsche und Träume. Menschen, die aufgehört haben zu träumen, „verkommen" im Laufe der Zeit zu Wesen, die nur noch funktionieren. Sie verlieren nach und nach die Lust am Leben. Der Alltag wird zur Hetzjagd und endet schließlich in totaler Frustration und Resignation. Irgendwann kommt dann der Punkt, wo sich absolute Sinnlosigkeit breit macht.

Das Mandala **L a r e v** hilft, diesen Kreislauf zu durchbrechen. Ängste kommen an die Oberfläche und können dann aufgelöst und losgelassen werden.

Es entsteht wieder Raum für Wünsche, Träume und Sehnsüchte. Mit der Zeit kehren Lebensfreude und Heiterkeit zurück, es entsteht ein neues Gefühl von Lebenslust.

Affirmation:
Ich sprenge meine Grenzen und lasse meine Ängste los!

Willion

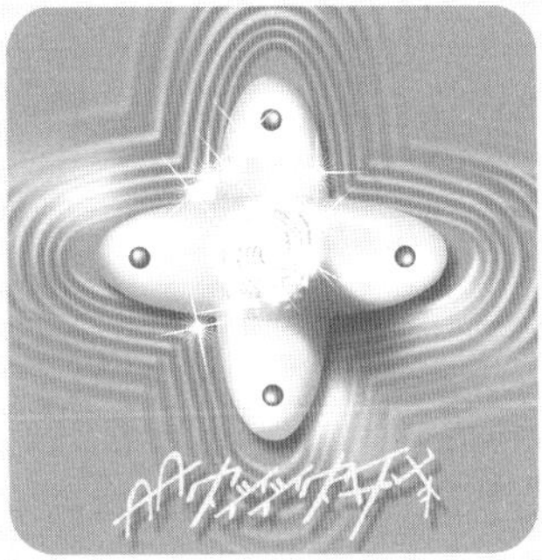

Eintauchen in unbekannte Tiefen
Hineinfallen in verborgene Gefühle
Es geht noch tiefer
Fühle: unendlich tief, unendlich weit, unendlich frei

Zahl: 21 Tiefe Gefühle

Das universelle Mandala **Willion** stellt den Kontakt zu ganz tiefen ehrlichen Gefühlen, sowie zum eigenen Selbst her; mensch wird dadurch sensibel und einfühlsam.
Es wirkt aus der unerschöpflichen Weite des Meeres, wo alle Gefühle zuhause sind. Tauche ein in das sprudelnde Blau dieses Mandalas und fühle, wie du dich verbindest mit deinem gesamten Gefühlsspektrum. Vertraue und lass dich fallen, es gibt kein Hindernis und keinen bedrohlichen Abgrund. Plötzlich befindest du dich in anderen Dimensionen. Eine neue Welt eröffnet sich deinem Innersten. In diesem Zustand von Offenheit und Weite durchströmen dich Gefühle von solcher Tiefe, wie du sie bisher noch nie erlebt und empfunden hast.
Willion verbindet den Menschen mit seinen intensivsten, verborgensten Gefühlen, verleiht ihm die dafür nötige Sensibilität und Ruhe und löst gleichzeitig alles Misstrauen auf. Vertraut sich mensch diesem Mandala an, erlebt er ein Gefühlsspektrum von bis dahin nicht gekannter Intensität. Er wird fähig, seine Gefühlswelt ehrlicher zu

Willion

Tiefe Gefühle

Zahl: 21

Eintauchen in unbekannte Tiefen
Hineinfallen in verborgene Gefühle
Es geht noch tiefer
Fühle, unendlich tief, unendlich weit, unendlich frei

erleben. Durch das sanfte Eintauchen in diese bis dahin noch unbekannten Erfahrungsbereiche kommt mensch mit sich selber in innigen Kontakt. Gleichzeitig erhält er den Mut, zu sich selbst und seinen Neigungen und Fähigkeiten zu stehen und verliert die Angst, verletzt zu werden.
Härte wird durch Sanftheit ersetzt. Dieses tiefe Erleben seiner Gefühle bedeutet eine ungemeine Bereicherung für das Leben; so eröffnen sich völlig neue Perspektiven.
Das Mandala **Willion** nährt das Vertrauen in die eigenen Gefühle und erleichtert den Umstand, dass sich mensch auf diese einlässt.

Affirmation:
Ich tauche ab zu meinen tiefsten Gefühlsbereichen
und stelle mich diesen!

Niljes

Silbriges Licht, rund und voll
Dunkle Nacht, leer und hohl
Die Energie nimmt zu, die Energie nimmt ab
Jede Phase bringt besondere Kraft

Zahl: 22 Gegensätze

Niljes ist das Mond-Mandala. Der Mond besitzt die stärkste weibliche Energie in unserem Universum; somit ist **Niljes** das Lemuria-Mandala, welches die Weiblichkeit am deutlichsten betont.
Es demonstriert eindrucksvoll den Wandel der einzelnen Mondphasen und der damit verbundenen Energien. Dieses Mandala zeigt uns, dass wir unterschiedlichsten Energien ausgesetzt sind, die wir uns zu Nutze machen können. Alle auf unserem Planeten existierenden Lebewesen sind durch feine Energiefrequenzen miteinander verbunden. Durch diese Vernetzung der Energien erhält mensch die Möglichkeit, unterstützend und heilend für andere tätig zu werden.
Unser aller Lebensrhythmus vollzieht sich im Wandel der Mondphasen, niemand entgeht diesem Einfluss. Die mächtigen weiblichen Kräfte dieses Erdbegleiters ziehen uns bewusst oder unbewusst in ihren Bann. Weicht der Tag, treten die weiblichen Kräfte der Dunkelheit in den Mittelpunkt. Jetzt beginnt die mystische Zeit des Mondes.

Niljes

Gegensätze

Zahl: 22

Silbriges Licht, rund und voll
Dunkle Nacht, leer und hohl
Die Energie nimmt zu, die Energie nimmt ab
Jede Phase bringt besondere Kraft

Seit Urzeiten beschäftigt sich der Mensch mit diesem geheimnisvollen Himmelskörper, und zu jeder Zeit gab es auch mediale Menschen, die um seine magischen Heilkräfte wussten. Sie waren fähig, die sanft stimulierenden Schwingungen des Mondes zum Wohle anderer zu nutzen und bewusst einzusetzen. Wenn sich Menschen von diesem Mandala angezogen fühlen, weist dies darauf hin, dass sich ihr Leben in Richtung Spiritualität, Medialität, weiblicher Kreativität ... verändert. Öffnet sich mensch der geistigen Welt, wird **Niljes** ein wertvoller Begleiter für seinen Weg und fördert seine individuellen schöpferischen Fähigkeiten.
Das Mandala **Niljes** befreit uns zunächst von belastenden, dunklen Einflüssen und verbindet uns dann wieder mit den wundervollen Kräften „unseres Erd-Begleiters".
So verhilft uns dieses Mandala dazu, unsere verborgenen Fähigkeiten sowie unsere Intuition wieder zu entdecken und zu aktivieren. Des weiteren unterstützt **Niljes** all jene Menschen, die zu sehr in der männlichen Energie gefangen sind und fördert den Zugang zu den intuitiven, sanften, empfänglichen weiblichen Aspekten des Seins.

Affirmation:
Ich gebe mich ganz den weiblichen, intuitiven Kräften hin!

Doreda

Bewegt durch einen Wirbel
Eingetreten durch den Tunnel
Schau neutral und offen
Alles ist neu in dieser Welt

Zahl: 23 Reise zu sich selbst

Das Mandala **Doreda** bringt mensch auf eine wundersame Reise zu sich selbst.
Er/sie lernt völlig neue Aspekte seiner selbst und auch seiner Umwelt kennen.
Plötzlich erkennt mensch von einem neutralen Standpunkt aus und mit kindlicher Offenheit alle Aspekte seines wahren Wesens.
Das Mandala **Doreda** öffnet uns durch eine intensive wirbelförmige Bewegung den oftmals verschütteten Kanal zu unserer Innenwelt. Diese Innenschau ändert natürlich auch unsere äußere Sichtweise und ermöglicht uns, Dinge und Situationen von einer ganz anderen Warte aus zu betrachten. Mensch gelangt in eine Art meditativen Zustand und entwickelt Herzensqualitäten wie Toleranz, Offenheit und Güte. Absolute Neutralität und Zentriertheit befähigen ihn dazu, seinen Standpunkt augenblicklich zu wechseln. Der Mensch hat demzufolge jederzeit die Möglichkeit, die Dinge so zu sehen, wie sie wirklich sind. Jetzt ist er bereit, die tatsächlich wichtigen Dinge vom Unwesent-

lichen zu trennen und dementsprechend Prioritäten zu setzen.
Ist mensch erst einmal vollkommen bei sich selbst angelangt und fähig, gänzlich in seiner eigenen Mitte zu ruhen, verändert sich plötzlich alles. Jetzt beginnt die unendliche Leichtigkeit des Seins. Er befindet sich in einer neuartigen, faszinierend wunderbaren Welt.

Affirmation:
Ich zentriere mich in meiner Mitte und betrachte die Dinge so, wie sie wirklich sind!

Quadis

Wo alles an einem Punkt zusammenfließt
Wo die Konzentration am größten ist
Da ist der Ursprung allen Lebens

Zahl: 24 Totale Vereinigung

Quadis versinnbildlicht die totale Vereinigung allen Seins mit dem göttlichen Zentrum. Dort, wo alles zusammenfließt und sich auf einen Punkt konzentriert, ist die Kraft am größten. Eine derartige Verdichtung führt unweigerlich zum Urknall.
Jetzt findet jene gewaltige Explosion statt, die Neues entstehen lässt. Erst wenn sich alle Einzelteile reibungslos zusammenfügen, kann aus dieser geballten Energie heraus eine neue Idee, eine neue Kraft, neues Leben geboren werden. Dies ist das göttliche Prinzip für die Entstehung neuer Existenz.
Das Mandala **Quadis** unterstützt den Menschen dabei, seine Gedanken, seine Gefühle, sein Handeln auf den Punkt zu bringen. In gleicher Weise unterstützt es die sexuelle Vereinigung von Mann und Frau, damit neues Leben, also ein Kind entstehen kann. Diese Fokussierung erzeugt absolute Klarheit, und aus solch einer konzentrierten Kraft entsteht wirklich Neues. Wird Energie auf einen Punkt verdichtet, ist absolut alles möglich.

Quadis hebt alle Einschränkungen auf und unterstützt solcherart auch den Aufstieg unseres Planeten Terra Gaia und all seiner Bewohner in die nächste Dimension, damit die Vereinigung des Universums mit dem Göttlichen stattfinden kann.
In diesem Sinne erfüllt sich der absolute, göttliche Wille.

Affirmation:
Ich konzentriere all meine Energie, damit Neues entstehen kann!

Ellix

Wie ein gewaltiger Wirbelwind
Löst meine Urkraft alles auf
Was je ins Ungleichgewicht gebracht wurde

Zahl: 25 Vollkommene Klärung

Das Mandala **Ellix** wirkt wie ein gewaltiger Ur-Wirbelsturm, der im gesamten Universum Disharmonien aller Art entfernt. Er löst mit unbändiger Kraft Verkrustungen auf und bringt so den ursprünglich reinen göttlichen Glanz zurück.
Überall im gesamten Kosmos wurden ganze Planeten, aber auch viele andere Schöpfungen, durch dunkle Energien, Machtkämpfe oder Manipulation verunreinigt und entsprechend disharmonisch verändert. Jetzt ist es an der Zeit, eine globale, universelle Reinigung durchzuführen, damit der gesamte Kosmos wieder vom klaren, göttlichen Licht durchflutet werden kann. **Ellix** bringt die Energie der vollkommenen Reinigung und besitzt die außergewöhnliche Kraft, den Ur-Zustand der Schöpfung in seiner unverfälschten Form wieder herzustellen. Je öfter dieses Mandala eingesetzt bzw. geistig installiert wird, desto mehr können seine Energien zum Wohle der gesamten Schöpfung wirksam werden.
Arbeitet mensch mit dem Mandala **Ellix**, wird sein Wesen auf allen Ebenen gereinigt und geklärt. Er wird

augenblicklich von allen Verunreinigungen und Belastungen befreit, die sich je in seiner Matrix angesammelt haben und erlangt so seinen ursprünglich kristallklaren, von seinem Schöpfer gewollten Zustand wieder. Jetzt erstrahlt der Mensch erneut im klaren, göttlichen Glanz.
Dieses Mandala sollte auch in Räumen aufgestellt werden, die infolge von Auseinandersetzungen oder von anderen disharmonischen Energien verunreinigt wurden.
Ganz generell kann **Ellix** überall da angewandt werden, wo ein „frischer Wind" sowie eine grundlegende Reinigung und Klärung von Nöten ist.

Affirmation:
Ich reinige und kläre alle Dinge im Namen Gottes
und stelle ihren ursprünglichen Glanz wieder her!

Planui

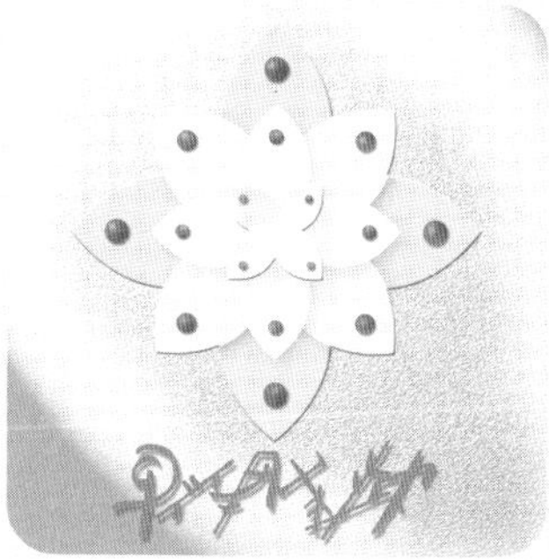

Konzentrische Kreise zeichnen ihre Spuren
Durch alle Dimensionen des Seins
Jetzt verschwimmen die Grenzen,
Konturen verblassen

Zahl: 26 Meditation – Kontemplation – Verinnerlichung

Planui repräsentiert das Mandala für tiefe Meditation, Kontemplation und Verinnerlichung. Dieses Mandala übermittelt uns eine bedeutsame Botschaft und tiefe Weisheit der Delfin-Seele: „In der Stille zum Urgrund fließen, sich ausdehnen und nichts tun außer sein."
Erst wenn alle Erwartungen und Wünsche losgelassen wurden, findet wahrhafte, tiefe Meditation statt. In dieser wunderbaren Stille kann mensch zur Gänze versinken, bei sich ankommen und sich ausdehnen. Dafür gibt es nichts zu tun außer zu Sein.
Der gegenwärtige Augenblick ist der absolut wichtigste Moment in unserem Leben. Wirkliches Er-Leben passiert ausschließlich im Hier und Jetzt, und nichts zählt mehr, als der intensiv gelebte Augenblick. Alles Vergangene erscheint bereits verschwommen, egal wie nahe es noch ist, und selbst die nahe Zukunft liegt noch im Nebel verborgen. Gelingt es mensch jedoch, bewusst in der Gegenwart zu sein, ist er tatsächlich lebendig.

Planui

Meditation – Kontemplation – Verinnerlichung

Zahl: 26

Konzentrische Kreise zeichnen ihre Spuren
Durch alle Dimensionen des Seins
Jetzt verschwimmen die Grenzen,
Die Konturen verblassen

Planui hilft den Menschen dabei, sich von Erwartungen zu lösen und so ganz im gegenwärtigen Moment anzukommen. Es geschieht immer nur das, was im Moment gerade wichtig für die Entwicklung ist und was mensch verkraften kann, auch wenn es oft nicht so aussehen mag. Jetzt ist es möglich, die neuen Erkenntnisse in selbstverständlicher Art und Weise zu verinnerlichen.
Visualisiert mensch das Mandala **Planui**, versetzt es ihn in einen tiefen Zustand von Meditation. Wie durch ein Tor betritt er die Tiefen seines innersten Kerns, um dort Erkenntnisse zu verarbeiten. **Planui** unterstützt ihn darin, bei sich selbst „einzukehren", in sich zu „versinken" und dort zu verweilen. Dafür gibt es jedoch nichts Aktives zu tun. Jetzt kann sich mensch ausdehnen, die wahre Kraft des Augenblicks entdecken und genießen, und die neuen Erfahrungen in sein Dasein integrieren.

Affirmation:
Es gibt absolut nichts zu tun, außer zu sein!

Chebul

Drei in Eins, das bin ich wirklich
Ich vereine Wissen, Weisheit, Intelligenz
Das ist mein größtes Geheimnis

Zahl: 27 Wissen – Weisheit – Intelligenz

Wissen, Weisheit, Intelligenz sind die drei ursprünglichsten Prinzipien Gottes und nicht die Liebe, wie fälschlicherweise immer angenommen wird.
Das Mandala **Chebul** ist der Ausdruck dieser göttlichen Trinität und offenbart das Mysterium Gottes mit all seinen Facetten. Der Sohn Gottes, Jesus Christus, repräsentiert das Wissen, der heilige Geist steht für die Weisheit und Gott-Vater selbst versinnbildlicht die Intelligenz. Gott ist letztendlich der Inbegriff für Wissen, Weisheit und Intelligenz.
Die Liebe ist genau genommen eine Form der Illusion, die die Menschen dereinst selbst kreiert haben, um in der Getrenntheit von Gott existieren und leben zu können.
Die Menschheit hat sich kollektiv einen „Gott der Liebe" erschaffen, um sich selbst mit Liebe im Reich der Materie am Leben zu erhalten. Aus diesem Grund gibt es für das Wort Liebe interessanterweise keine eindeutige Definition, wohl aber eine Unzahl von Erklärungsversuchen. Dagegen sind die Begriffe Wissen, Weisheit, Intelligenz klar definiert und abgegrenzt. Das mag auch der Grund dafür

sein, wieso alle Menschen nach Liebe suchen, sie aber nicht „wirklich“ finden. Im Universum gibt es keinen Platz für Sentimentalitäten; alles ist klar definiert und einem Schöpfungsaspekt zugeordnet; ansonsten würde der göttliche Plan niemals so vollkommen funktionieren. Die gesamte Schöpfung ist nach exakt festgelegten Kriterien der Evolution organisiert und folgt einer genauen Ordnung.
Chebul ist der klare Ausdruck dieser göttlichen Strukturen und lässt keinerlei Missverständnisse zu.
Visualisiert mensch das Mandala **Chebul**, so taucht er in die göttlichen Prinzipien von Wissen, Weisheit und Intelligenz ein. Er wird fähig, die Zusammenhänge im Universum sowie die göttliche Trinität und deren Gesetzmäßigkeiten zu verstehen und neu zu erfahren. Mensch bekommt einen tieferen Zugang zu seiner eigenen innersten Quelle der Weisheit, die ihn „Vieles“ verstehen lässt. Dieses Mandala hilft uns dabei, die Entwicklungsschritte auf unserem Weg klar einzuordnen, unser Leben dementsprechend zu strukturieren und neu auszurichten.
Chebul setzt völlig neue Impulse für die Menschheit.

Affirmation:
Ich akzeptiere alle göttlichen Prinzipien!

Dalijus

Von innen nach außen und wieder zurück
Gekommen um zu wachsen
Gereift für neue Aufgaben
So ist Gottes Plan

Zahl: 28 Entwicklung – Wachstum

Das Mandala **Dalijus** zeichnet für die Entwicklung und das Wachstum der Seele während ihres irdischen Daseins verantwortlich und somit ganz allgemein für den Reifungsprozess auf dem Weg zur Ganzheit.
Die Seele stammt aus dem Zentrum allen Seins, der göttlichen Einheit, dem Ursprung.
Der Mensch geht im Laufe seines Lebens nach außen und tritt ein in den „Lauf der Dinge". Im Alter kehrt er zurück zur Mitte und gelangt schließlich wieder zu jenem Punkt, von dem aus er ursprünglich gestartet ist. Gewachsen an seinen Aufgaben und gereift durch seine Erfahrungen kann er sodann den Körper verlassen, um seinen Weg in Richtung Einheit fortzusetzen. Erst wenn der Mensch seinen Körper ganz losgelassen hat, ist er wahrhaftig bereit für einen „völlig neuen Abschnitt" auf seinem universellen Lebensweg.
Das Mandala **Dalijus** verdeutlicht uns den individuellen Wachstums- und Reifungsprozess hier, auf diesem Planeten der Dualität. Gleichzeitig unterstützt es jene Ent-

wicklung, die von Anbeginn im göttlichen Plan vorgesehen war. So hilft dieses Mandala dem Menschen dabei, die Höhen wie die Tiefen des täglichen Lebens als gleichwertige Entwicklungsschritte zu erkennen und als solche anzunehmen.

Dalijus lässt mensch seine individuellen Aufgaben im irdischen Dasein klar erkennen und beschleunigt so die Entwicklung in Richtung Ganzheit.

Affirmation:

Ich erfülle meinen ursprünglichen Plan!

Betok

Absichtslos, von reiner Gesinnung
Jenseits aller eingrenzenden Gedanken
Frei von Erwartungen
Stets zum Wohle des großen Ganzen

Zahl: 29 Reine Schaffenskraft

Das Mandala **Betok** symbolisiert die reine Schaffenskraft zum Wohle des großen Ganzen. Sie verbirgt sich hinter allen Gedanken und ist frei von Erwartungen.
Ihr Wesen ist stets klar und rein, jederzeit ausgerichtet auf das Wohl aller Schöpfungsakte. Absichtslos füllt die reine Schaffenskraft den Augenblick im Einklang mit der universellen Weisheit.
Betok hilft uns dabei, sich von jenen Erwartungshaltungen und Zwängen zu befreien, die unser Handeln im Alltag nicht unbedingt konstruktiv beeinflussen und sogar beeinträchtigen. Ist die Absicht und Handlung eines Menschen klar und rein und dementsprechend auf das Wohl aller Dinge ausgerichtet, erkennt er ganz deutlich die Harmonie zwischen Geben und Nehmen. Jede einzelne Handlung erhält jetzt einen tieferen Sinn, denn es gibt immer einen Ausgleich, auch wenn dieser als solcher nicht gleich erkennbar im menschlichen Bewusstsein auftaucht.
Mensch wird fähig zu erkennen: „Für mich wird stets gesorgt“ – und verliert so nach und nach das Gefühl von

Betok

Die reine Schaffenskraft

Zahl: 29

Absichtslos, von reiner Gesinnung
Jenseits aller Gedanken
Frei von Erwartungen
Stets zum Wohle des großen Ganzen

Mangel; das Streben nach „Mehr" erübrigt sich. Diese Erkenntnis und Erfahrung vermittelt unglaubliche Erleichterung und öffnet den Raum für grenzenlose Freiheit und Unabhängigkeit. Mensch kann nun Entscheidungen für sich treffen, ohne den latenten Druck, dafür immer „Etwas" erwarten oder verlangen zu müssen. Er kommt dadurch in Fluss mit allen Energien des gesamten Universums.

Affirmation:
Meine Absicht ist stets klar und rein!

Zulet

Alles ist von Energie durchdrungen, alles schwingt
Nichts existiert, wo ich nicht bin
Ich bin das pure Leben

Zahl: 30 Energie – Schwingung

Das Mandala **Z u l et** ist der Ausdruck der reinen, alles durchdringenden, göttlichen Energie. Es symbolisiert jene Kraft, die die gesamte Materie in Schwingung versetzt und somit „zum Leben erweckt“. Nichts im unendlichen Universum existiert ohne diese Energie.

Das Energieniveau auf unserem Planeten Terra Gaia wurde durch gezielte Manipulation und vorherrschende Machtstrukturen, insbesondere in der spätatlantischen Epoche, stark beeinträchtigt und geschwächt. Im Zuge des planetaren Aufstiegs in die nächste Dimension wurde es notwendig, die Schwingung wieder einmal deutlich zu erhöhen. Dies ist in den letzten Jahren kontinuierlich geschehen und hat zur Folge, dass immer mehr Menschen Probleme mit diesem zunehmenden Energielevel bekommen.

Das Mandala **Z u l e t** ist Ausdruck dieser höheren Schwingung. Gleichzeitig hilft es uns aber auch dabei, uns auf das derzeitige Energieniveau um- und einzustellen.

Visualisiert mensch dieses Mandala, unterstützt es ihn dabei, das aktuell verändert schwingende Energiefeld

besser zu verkraften und dieses Potenzial optimal für seine persönliche Entwicklung zu nutzen. Der Mensch tritt jetzt sozusagen aus dem Schatten seiner selbst. Hat sich die Persönlichkeit erst einmal ganz auf die gegenwärtige Energie eingeschwungen, wird sie bald befähigt, ihr volles, gottgegebenes Energiepotenzial wieder zu erkennen und schließlich auch sinnvoll umzusetzen.
Jetzt wird das Dasein erfüllt von unbändiger Lebensfreude und Vitalität.
Wo immer das Mandala **Zulet** angewandt oder installiert wird, „kommt Bewegung in die Sache" – es erhöht das Energiepotenzial aller Dinge.

Affirmation:
Ich bin Ausdruck der reinen göttlichen Energie!

Fortess

Trete ein, die Pforte ist stets offen
Entscheide dich für den ersten Schritt
Dann kann „alles Andere“ geschehen
Lebe; unendliche Leichtigkeit, totale Lebendigkeit

Zahl: 31 Die Pforte des Lebens

Das Mandala **Fortess** ist die Pforte des Lebens. Erst wenn sich mensch bewusst für das Leben auf diesem Planeten der Dualität entschieden hat, können alle weiteren Schritte folgen.
Terra Gaia ist jener Planet im Universum, an dem die grundlegendsten, tiefgreifendsten Erfahrungen im Reich der Materie gesammelt werden können. Jene Lichtwesen, die sich bereit erklärt haben, hinabzusteigen, um am Experiment der Dualität teilzunehmen, verdienen höchsten Respekt seitens der geistigen Welt. Damit dieses Experiment allerdings gelingen kann, ist es absolut notwendig, sich vollkommen auf das Leben hier in dieser extrem dichten Materie einzulassen. Gefangen in einem Körper, gebunden an Raum und Zeit, der Schwerkraft unterworfen – dies ist die härteste Prüfung von allen. Trotzdem ist jede einzelne Erfahrung, egal wie schwerwiegend sie für den Einzelnen ausfällt, eine Wahl des eigenen freien Willens; wir selber haben uns dazu entschlossen und diesem Experiment zugestimmt.

Fortess

Die Pforte des Lebens

Zahl: 31

Trete ein, die Pforte ist stets offen
Entscheide dich für den ersten Schritt
Dann kann „Alles" geschehen
Lebe, totale Leichtigkeit, totale Lebendigkeit

Das Mandala **Fortess** unterstützt den Menschen bei seinem Experiment auf Terra Gaia im Hinblick auf seine große Rückkehr zum göttlichen Ursprung. Der Mensch erkennt seine ureigensten Bedürfnisse und seine Lernaufgaben, er weiß plötzlich, weshalb er hier ist.

Vor allen Dingen aber kommt er dahinter, dass jede einzelne Erfahrung, die er auf unserem Planeten macht, auf einer Entscheidung seiner selbst beruht und es daher keinen wie immer gearteten „Schuldigen" im Außen für das eigene Schicksal gibt.

Visualisiert mensch dieses Mandala, tritt er voll in das Leben ein. Er wird befähigt, sich ganz auf die Dualität einzulassen, alle Erfahrungen als notwendig anzunehmen und mit all seinen Sinnen zu erleben. Jetzt kann der göttliche Plan entsprechend verwirklicht werden und sich erfüllen.

Fortess hilft uns, uns für ein Leben voller Überraschungen, voller Lebendigkeit zu öffnen. Es ist höchste Zeit dafür.

Affirmation:

Ich entscheide mich ganz bewusst für das Leben in der Dualität mit all den damit verbundenen Konsequenzen!

Jarnox

Scharf wie eine Klinge
Wirble ich durch den Raum
Durchtrenne, was zu trennen ist
Bewege verfahrene Situationen

Zahl: 32

Bewegung aus festgefahrenen Situationen
Der kosmische Wurfstern!!

Jarnox ist der kosmische Wurfstern. Er wirbelt mit unbändiger Kraft und trennt messerscharf und unwiderruflich alle Verbindungen, die notwendigerweise aufgelöst werden müssen.
Manchmal befindet sich mensch in einer Sackgasse oder steckt in der Krise, ihm fehlt schlicht und einfach die Kraft, weiterzugehen, und er weiß nicht warum. Das liegt oftmals nicht am mangelnden Potenzial oder dem Willen, sich weiter zu entwickeln, sondern meistens sind es die „Fesseln der Vergangenheit", die seinen Fortschritt in unerklärlicher Weise verhindern. In solch einer Situation angelangt, benötigt es meistens den absoluten Schnitt, um sich von allem zu trennen, was den eingeschlagenen Weg behindert – messerscharf, kompromisslos, unwiderruflich.
Erst wenn das Alte vollkommen aufgelöst ist und mit all den unbefriedigenden Situationen und Begebenheiten im Leben Versöhnung stattgefunden hat, kehren Kraft und Energie zurück, um ungehindert voranschreiten zu können.

Jarnox

Bewegung in
festgefahrenen Situationen

Der kosmische Wurfstern!!

Zahl: 32

Scharf wie eine Klinge
Wirble ich durch den Raum
Durchtrenne, was zu trennen ist
Bewege verfahrene Situationen

Das Mandala **Jarnox** bewirkt, sich bedingungslos und unwiderruflich von alten, festgefahrenen Situationen und Bindungen zu trennen. Mit wirbelnder Kraft und scharfer Klinge trennt der kosmische Wurfstern alle Verstrickungen, die uns noch mit belastenden, längst vergangenen Geschichten verbinden, die aber nunmehr unseren Weg behindern.
Erst, wenn alle Dramen aus der Vergangenheit vollkommen losgelassen sind und mensch nichts „Altes" mehr hinter sich herzieht, kann ein neuer Lebensabschnitt eingeleitet werden und sich der Raum für Neues auftun. Nur so kann tatsächlich ein Neubeginn gelingen und Weiterentwicklung stattfinden.

Affirmation:
Ich trenne mich kompromisslos von den „Fesseln der Vergangenheit"!

Maregal

Wenn sich „ALLES" zusammenfindet
Zum Tanz der Unendlichkeit
Werden die Zeichen sichtbar

Zahl: 33

Magie – Rituale – Zeremonien
Um zur göttlichen Ordnung zurückzukehren

Maregal versteht sich als Mandala für die göttliche Magie sowie für Rituale und Zeremonien aller Art. Es drückt die Energie der göttlichen Ordnung in seiner Vollkommenheit aus.
Dieses Mandala strahlt jene geheimnisvolle göttliche Energie aus, welche festliche Anlässe „verzaubert"; es verleiht ihnen einen besonders feierlichen Rahmen.
Rituale und Zeremonien, aber auch alle hierbei verwendeten Ritualgegenstände, Gebete und Lieder erhalten durch **Maregal** eine besondere Weihe. Dieses Mandala verstärkt ganz generell die Energie bei allen feierlichen Zusammenkünften. Besondere Wirkung entfaltet **Maregal** bei spirituellen Treffen sowohl für den einzelnen Menschen wie auch für die Gemeinschaft und bringt die göttlichen Kräfte in uns wieder stärker zum Ausdruck.
Wenn mensch das Mandala **Maregal** visualisiert oder darüber meditiert, kann er ihm all seine Bitten und Wünsche anvertrauen und diese der göttlichen Ordnung übergeben. Sobald mensch eins ist mit Gott (mit sich selbst!!),

Maregal

Magie – Rituale – Zeremonien

um zur göttlichen
Ordnung zurückzukehren

Zahl: 33

Wenn sich „ALLES" zusammenfindet
Zum Tanz der Unendlichkeit
Werden die „Zeichen" sichtbar

werden seine Wünsche entsprechend den kosmischen Gesetzen erfüllt.
Mit diesem Mandala können Ritualgegenstände vor deren Benutzung, Gebete und Lieder geweiht werden; es können aber auch Bitten und Wünsche gesegnet und dann der göttlichen Ordnung übergeben werden. Dadurch erhalten sie besondere Wirkkraft.

Affirmation:
Ich übergebe „alles ..." der göttlichen Ordnung!

Zur Person Helmut Ranalter

Mein spiritueller Weg begann mit der Einweihung in die Reiki-Energie, bis hin zum Reiki-Meister-Grad. Parallel dazu absolvierte ich mehrjährige Ausbildungen zum Taiji- und Qi Gong-Lehrer sowie zum Ernährungsberater nach den 5 Elementen.
Fasziniert von den Möglichkeiten der Meditation sammelte ich im Laufe der Jahre Erfahrungen mit verschiedenen Meditationstechniken. In intensiven Seminaren ging ich immer wieder der Frage „Wer bin ich wirklich?“ auf den Grund.
Im Jahr 2000 erhielt ich in Kanada eine Ausbildung und eine Einweihung zum Schamanen. In dieser Zeit begann ich auch, mich intensiv mit freien Energien und Lichtarbeit zu beschäftigen und damit zu arbeiten.
Anfang des Jahres 2002 erhielt ich auf der Insel La Gomera meine ersten Einweihungen in die lemurianische Energie. In der Folge bekam ich diese wunderbaren lemurianischen Mandalas und viele interessante Informationen übermittelt.

Seit mehreren Jahren gebe ich mein Wissen und meine Erfahrungen in Kursen und Seminaren oder Einzelsitzungen weiter.

Ich wünsche euch allen, die ihr dieses Buch lest und mit den Karten arbeitet, dass ihr über die Lemuria-Mandalas viele Antworten auf eure Fragen bekommt und dass diese Mandalas wertvolle Begleiter für euren Weg werden. Möge sich die lemurianische Energie voll entfalten und stets zum höchsten Wohl aller Wesen wirken!

In tiefer Dankbarkeit.